Alberto Camarero e Alberto de Oliveira

Suzy King
A PITONISA DA MODERNIDADE

Dados Internacionais de Catalogação na Publicação - CIP

C172   Camarero, Alberto; Oliveira, Alberto
Suzy King: a pitonisa da modernidade / Alberto Camarero e Alberto de Oliveira.
- São Paulo: Editora Campos, 2020.
208 p.; Il.

ISBN 978-65-86691-18-4

1. Arte. 2. Performance. 3. Corpo. 4. Faquirismo. 5. Faquirezas Brasileiras. 6. Suzy King (1917-1985). 7. Biografia de Suzy King. 8. História de Vida. 9. História do Faquirismo Feminino Brasileiro. 10. História Social do Brasil. 11. Relações de Gênero. I. Título. II. A pitonisa da modernidade. III. Camarero, Alberto. IV. Oliveira, Alberto. V. Sampaio, Georgina Pires (1917 - 1985).

CDU 79   **CDD 791**

Catalogação elaborada por Regina Simão Paulino - CRB 6/1154

Capa e projeto gráfico: **Alberto Camarero**
Foto da Capa: **Halfeld**
Diagramação: **Alberto Camarero**
Revisão: **Alberto de Oliveira**

alberto1992oliveira@gmail.com

A esfinge da modernidade

por Paulo Prospero
psicanalista

"Colocar o fracasso nas paradas de sucesso", já dizia Caetano Veloso em uma de suas músicas, que parece ter sido feita especialmente para a nossa musa e para a grande tribo de "renegados" da sociedade que não se submetem a estereótipos, por não se vergarem a essas forças.

São os rebeldes que nos trazem o novo e a liberdade existencial, aqueles que fazem a sua própria trilha sonora e apesar de todas as impossibilidades, a colocam nas paradas de sucesso. Acreditam mais no seu desejo do que no desejo do outro. Por isso, tornam-se anjos, arautos desse desejo de que não abrem mão, o que é um dos pilares da psicanálise. Não abrir mão de seu próprio desejo, propunha Lacan.

Esses anjos que nos habitam podem ter fissuras, pés de barro, asas algo danificadas, mas voam. Sim, e como voam! Enquanto a grande maioria de escravos da cultura se arrastam pela poeira do tempo, esses anjos do desejo se encontram na multiplicidade de seus sonhos.

Suzy King foi uma dessas que não se submeteu ao óbvio, e esse é seu legado que nos deixa encantados e interessados em conhecer seus passos, seus voos, suas realizações, sua intimidade.

A Bahia lhe deu régua, compasso e ousadia. Ganhou o Brasil, ganhou o mundo, indo virar estrela permanente do Olimpo saltando da Califórnia, sua última morada.

Iconoclasta radical, por isso fascinante. Se propôs a uma nova aliança com a estória do Gênesis, do mito primordial da criação. Refez a antiga aliança em uma outra relação com a serpente tentadora. Tornou-se pitonisa da modernidade se empoderando de uma outra e revolucionária sabedoria na relação com a serpente primeva diabólica. No jejum prolongado, não cedia à tentação dessa milenar serpente, não aceitava a maçã, não ouvia o canto das sereias. Para tanto, não precisava se amarrar em mastro como Ulisses, mas sim no poder de seu desejo.

Ela era a senhora de seu destino. Trocava o conforto protetor de ser uma senhora do lar estereotipado e ultraconservador dos anos 1950 para ser esse ser, essa quimera de mulher-anjo-desejo-carne.

Nesse instante, as dores e privações desapareciam. E era justamente esse raro circo que fascinava a tantos. Filas enormes se faziam onde se apresentasse para conectarem com algo tão estranho. Como Freud trabalhou em seu texto "O estranho", é estranho porque também é familiar. Sim, tivemos muitos ascetas, anacoretas na busca do Absoluto no deserto da Tebaida e essas histórias sempre nos povoaram. Mas de repente, surge no burburinho das grandes metrópoles da modernidade, algo surpreendente pela ousadia e novidade nesse exercício mundano-espiritual. Uma performance inusitada que unia uma mulher seminua, jejum prolongado e serpentes. Quantos significantes ricos, plenos, polissêmicos. Até hoje, estamos nessa mesma fila imaginária, fascinados e tentando desvendar esse mistério proposto.

A esfinge está aqui até hoje a nos desafiar.

Suzy King, a esfinge da modernidade, arauta de importantes revoluções contraculturais e da liberação feminina.

nos bastidores do LIVRO

Os fuções

Em 2019, os Albertos percorreram o longo trajeto entre a capital paulista e a cidade de Jequié, no interior da Bahia, viajando de ônibus durante quase dois dias, em busca de informações sobre a artista brasileira Suzy King.
Em Jequié, estavam entrevistando uma sobrinha-neta dela, Elis, quando seu marido chegou em casa.
Elis foi logo perguntando: "Sabe quem são essas pessoas?" - e, depois de fazer um certo suspense, respondeu a própria pergunta: "Os Albertos, que futucam a origem da minha família!".

Essa breve anedota esclarece a verdadeira natureza do trabalho dos Albertos: futucar, especular, bisbilhotar, escavar, chafurdar, esmiuçar, xeretar, fuçar.

Foi fuçando - e fuçando muito! - que a dupla conseguiu reunir o vasto material apresentado neste livro sobre uma personagem tão obscura e (até então) esquecida como Suzy King - encantadora de serpentes, faquiresa, bailarina (clássica, folclórica e exótica), atriz, cantora, compositora, dramaturga, pintora e mil coisas mais.

Os Albertos são historiadores e produtores culturais conhecidos assim porque têm o mesmo nome - mas um é Camarero e o outro é de Oliveira, um é de 1950 e o outro de 1992, um é eneatipo 7 e o outro 4, um nasceu em São José do Rio Preto e o outro em Jundiaí, um é fã da Wanderléa e o outro da Madame Min.
Em comum, eles são Aquário com ascendente em Gêmeos e têm a paixão pelas "tipas" como Suzy King: as mulheres fortes, transgressoras, fora-da-lei e pinta-brava que desacatam a ordem vigente, a moral e a "família".

De uma sala do Bate-Papo Uol para as salas de pesquisa de museus e arquivos históricos que obrigam o uso de luvas e máscaras para combater o mofo das páginas de antigos jornais, os Albertos trabalham juntos desde 2012 com o intuito de resgatar, ressuscitar e relançar nas rodas culturais as tipas que ficaram à margem da "história oficial" e da chamada "alta cultura".

E para realizar essa missão, os Albertos não têm pudor nenhum: são invasivos, intrometidos, subversivos, inconvenientes, insistentes, chatos e - é claro - fuções.

E daí?

Afinal, foi por não terem pudores que as tipas se tornaram tipas e Suzy King se tornou Suzy King.

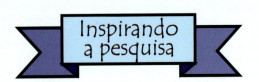

Inspirando a pesquisa

A Faquiresa Verinha

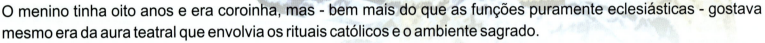

O menino tinha oito anos e era coroinha, mas - bem mais do que as funções puramente eclesiásticas - gostava mesmo era da aura teatral que envolvia os rituais católicos e o ambiente sagrado.
Fora da Igreja, o teatro se manifestava nas fantasias que usava no Carnaval - naquele ano de 1958, brincou de toureiro - e nos folguedos que promovia no porão de sua casa, desempenhando papéis e construindo cenários.

O feminino se manifestava em sua vida através da pureza de suas irmãs mais velhas, da onipresença de sua mãe e da santidade de Nossa Senhora, a Virgem Maria mãe do Cristo, que enchia de fascínio e encanto sua infância.

Justamente naquele ano, a terça-feira de Carnaval caiu no dia de seu aniversário, 18 de fevereiro.
Seria um prenúncio da força profana que estava prestes a invadir sua alma?

Foi em meados de março que chegou no interior de São Paulo, em Campinas - a cidade onde vivia o menino - uma jovem pernambucana que era rainha como Nossa Senhora - essa, doze vezes Rainha: dos anjos, dos patriarcas, dos profetas, dos apóstolos, dos confessores, das virgens, dos mártires, de Todos os Santos, do Santíssimo Rosário, da paz, concebida sem pecado original e levada aos céus.

A jovem pernambucana, por sua vez, era a Rainha do Frevo, soberana nas folias mundanas que tanto atraíam o menino.

Mas não foi dançando frevo que ela entrou em sua vida.
O confronto dos dois aconteceu quando a moça estava encerrada em uma urna de vidro instalada num barracão de madeira montado no centro de Campinas, deitada numa cama de setecentos pregos, cercada por terríveis serpentes, dedicada a um jejum absoluto que devia durar mais de quarenta dias.
Ali se deu um encontro de almas, momento numinoso, inesquecível e transformador.

Para o menino, o feminino ganhava novas dimensões e transcendia suas irmãs, sua mãe e Nossa Senhora.

Para a jovem pernambucana, estava cumprida sua missão de artista: tocara profundamente um coração.

Ela era a Faquiresa Verinha.
O menino era Alberto Camarero.

Por algum tempo, ele recortou as fotografias dela dos jornais campineiros e coloriu com lápis de cor.

Enquanto isso, a jejuadora deixou a cidade vitoriosa e nunca mais voltou.

No pequeno Camarero, a Faquiresa Verinha depositou o germe da Arte.

Conforme crescia, o menino se tornava ator, cenógrafo, figurinista e pintor - artista de teatro e galeria.

Em 1991, numa exposição de Artes Plásticas realizada em Campinas, ele finalmente retomava a figura da Faquiresa Verinha criando uma instalação que ressignificava a urna, os pregos e as cobras - essas últimas representadas através de um número de dança da encantadora de serpentes Índia Maluá.

Paralelamente, suas pesquisas sobre a jejuadora eram infrutíferas e ninguém na cidade sequer se lembrava de sua passagem por lá.

Somente em 2012, quando conheceu o outro Alberto - o de Oliveira - Camarero reencontrou a pista real da Faquiresa Verinha.

Pesquisando juntos, os dois Albertos conseguiram muito mais do que reconstituir os passos da artista por Campinas: localizaram a própria cinquenta e quatro anos depois, no comando de um restaurante em Belo Horizonte.

Muito hostil no primeiro contato - "pois este fato [a prova de jejum em Campinas] pra ela é morto e sepultado", explicou sua nora - a Faquiresa Verinha acabou se tornando grande amiga de seu fã-mirim.

A Faquiresa Verinha serviu de inspiração para uma extensa pesquisa histórica dos Albertos sobre a arte do faquirismo no Brasil.

Essa pesquisa resultou em produtos como o livro "Cravo na Carne - Fama e Fome: O Faquirismo Feminino no Brasil" - escrito pela dupla e publicado em 2015 - e o filme "Fakir" - dirigido pela cineasta e atriz Helena Ignez e lançado em 2019.

Pesquisando a Faquiresa Verinha, os Albertos descobriram Suzy King.

A Cuca

O outro Alberto - o de Oliveira - não viu nenhuma faquiresa jejuando na companhia de cobras, mas também carregava consigo uma paixão de infância cuja figura promovia a junção "mulher e réptil": a bruxa do folclore brasileiro Cuca, transfigurada em jacaré antropomórfica ao ser representada na literatura infantil e na televisão.

Alberto de Oliveira, aos cinco anos, com a Cuca

Obcecado pela Cuca desde os três anos de idade, Oliveira começou a desenhar mulheres cercadas por cobras na adolescência e criou uma personagem encantadora de serpentes - Gilda Chavez - antes mesmo de ouvir falar em faquiresas ou Suzy King.

A partir do contato com Camarero, Oliveira encontrou na arte do faquirismo uma parte de sua essência que sentia estar procurando desde a mais remota infância.

Para Oliveira, Suzy King é a própria Cuca.

A Cuca e Gilda Chavez em desenhos de Alberto de Oliveira

Se tratando dos Albertos, não podia ter acontecido de outra forma: foi fuçando que eles descobriram Suzy King.

Logo no início da pesquisa sobre Verinha, outras faquiresas brasileiras começaram a aparecer nos jornais antigos vasculhados pela dupla.

Foi em meio a essa busca que, no dia 17 de março de 2012, Suzy King emergiu de uma edição de 1959 do jornal paulista "Folha da Manhã" e entrou para sempre na vida dos Albertos.

A faquireza pretendia jejuar, mas abandonou a urna

RIO, 6 (FOLHAS) - Georgina Pires Sampaio, 30 anos presumíveis, solteira, conhecida como "Suzy King", e pelos "casos" que tem provocado, depois de andar a cavalo completamente despida, em plena luz do dia, na avenida Rio Branco, encerrou-se numa urna, na qual pretendia bater o recorde feminino de jejum. Hoje, "Suzy King" tentou sorrateiramente fugir ao compromisso e, depois de quebrar a urna, quando pretendia abandonar o local, onde estava a exposição, foi pilhada em flagrante por um funcionário da firma com a qual ela tem contrato. Desesperada e envergonhada, a faquireza provocou escândalo e acabou no 2º D. P., onde fez graves acusações a Abílio José da Silva, praticante de luta livre, conhecido pelo nome de "Nock-Out Jackson".

"Suzy King" encerrara-se numa urna instalada numa das lojas da galeria Ritz, no dia 13 de março, após assinar um contrato com a "CIPA", Companhia Administradora de Condomínios, que, por sua vez, mantinha constante vigilância para que a faquireza não quebrasse o compromisso, que tinha como finalidade efeitos publicitários. "Suzy", por duas ou três vezes, provocou "casos sérios" e, certa feita, segundo notícias, mandou sua empregada, Generosa Pereira, derramar álcool na cortina da sala de exposição e incendiá-la. Era plano seu abandonar a prova de 110 dias e quebrar o contrato assinado com a "CIPA". Esperava que estudantes fossem acusados de incêndio. Acontece que "Knock-out Jackson" evitou a consumação do ato, surgindo daí sério atrito entre ambos. Hoje, pela madrugada, julgando que não estava sendo vigiada, a mulher abandonou a urna e, quando pretendia tomar condução, foi agarrada pelo lutador.

A polícia foi chamada ao local, levando os protagonistas da confusão para o 2º D. P. Na delegacia, a mulher, que alega estar há 53 dias sem comer, apesar da boa aparência, falou em altos brados, durante cerca de 40 minutos. Diante das contradições contidas em suas declarações, "Suzy" enceneou uma crise de choro, atirando-se no chão. Uma ambulância do Posto de Assistência do Lido foi solicitada e teve trabalho para colocá-la na maca e conduzi-la ao posto de assistência.

Folha da Manhã, 06 de maio de 1959

Não demorou muito para que os dois fuções encontrassem uma fotografia de Suzy King.

Preservada no imenso acervo iconográfico do extinto jornal "Última Hora" disponibilizado pelo Arquivo Público do Estado de São Paulo em seu site na Internet, a imagem mostrava a artista em seu apartamento dias depois do incidente narrado na reportagem da "Folha da Manhã".

De louros cabelos oxigenados e sobrancelhas arqueadas cuidadosamente desenhadas, Suzy King indicava para o repórter qualquer marca de agressão em uma de suas coxas, levantando um pouco seu vaporoso vestido para que ele pudesse ver melhor.

Mais tarde, vieram à tona seus bailados com enormes cobras, seus escândalos, as reminiscências de sua intimidade conturbada e os inúmeros segredos e mistérios que se enrolavam nela da mesma forma langorosa que faziam suas serpentes adestradas.

Os Albertos não podiam imaginar que estavam apenas dando os primeiros passos de uma longa jornada que os levaria a seguir os rastros de Suzy King pelos mais inesperados e surpreendentes caminhos.

E guiados por aquela instigante figura, se lançaram numa grande aventura, topando o desafio de remontar o complexo quebra-cabeça de sua vida.

Georgina Pires Sampaio

A (des)construção de uma identidade

A partir de 1938, quem pedisse a Suzy King qualquer documento para verificar sua identidade civil constataria que ela era Georgina Pires Sampaio, nascida em Porto Alegre, no Rio Grande do Sul, em 28 de agosto de 1917, filha de Josino Pires Sampaio e Etelvina Pires Sampaio - o que não significa que tudo isso fosse verdade.

Seguindo seus passos em retrocesso, os Albertos demoraram algum tempo para encontrar os rastros de sua verdadeira origem.

Isso porque a maior parte do que se sabia sobre Georgina não passava de uma construção que ela fizera de sua própria identidade quando deixou a Bahia para se aventurar em São Paulo.

Foi a bordo do navio Conte Grande que ela partiu do porto de Salvador rumo a Santos no dia 28 de agosto de 1938.
Dessa viagem, Georgina extraiu a data que fixou como a de seu nascimento - 28 de agosto - escolhendo o ano de 1917 para garantir sua maioridade - então vinte e um anos de idade - "alcançada" exatamente no dia do embarque.

A escolha de Porto Alegre como sua cidade natal é mais misteriosa - principalmente porque não foi encontrado nenhum registro de que Georgina tenha sequer passado por lá.

Durante meses, os Albertos percorreram todos os cartórios e arquivos históricos de Porto Alegre, publicaram anúncios em jornais locais procurando pela família de Georgina e fizeram inúmeros telefonemas para endereços gaúchos - tudo em vão.

O mais curioso é que o nome de Georgina aparecia em várias listas de bordo de idas e vindas entre os portos de Salvador e Santos entre 1938 e 1940.
Mas qual seria sua ligação com a Bahia?

Em busca dessa resposta, os Albertos procuraram o Arquivo Público do Estado da Bahia.
Desse acervo, emergiu um processo judicial da primeira década do século XX originário da cidade de Jequié, no interior da Bahia, no qual figurava o nome de Josino Pires Sampaio, o pai de Georgina.

Para os Albertos, a leitura desse processo marcou o início da desconstrução da identidade civil de Suzy King.

Casos de FAMÍLIA

O processo

Tudo começou em 1905, quando um italiano radicado em Jequié procurou as autoridades locais para se defender antes mesmo de ser acusado: corria na cidade o boato de que ele teria deflorado Isabel, a filha de treze anos do lavrador Josino Pires Sampaio, residente numa fazenda nos arredores. Jurando inocência e temendo qualquer retaliação indevida, o italiano pediu que a história fosse investigada para que tudo se esclarecesse.

A partir desse momento, teve início um longo processo que durou mais de um ano, rendeu centenas de páginas escritas à mão e contou com os depoimentos (e as fofocas) de dezenas de moradores de Jequié.

No final das contas, quem lê todo o processo nem consegue concluir se Isabel foi ou não deflorada pelo italiano, mas fica sabendo uma porção de detalhes sobre os pais e irmãos de Georgina através do falatório dos vizinhos que foram convocados para depor sobre o caso.

Josino era viúvo de Maria Alexandrina Pires, com quem tivera cinco filhos.

Sua filha mais velha, Bertholina, era casada com o paraibano Manoel do Nascimento Caboré, um dos fundadores da Igreja Evangélica Batista da Vila de Jequié - o que servira de estímulo para que toda a família se convertesse à religião do noivo.

Também era de conhecimento geral que Bertholina e Isabel andavam descontentes com o pai porque ele estava namorando uma jovem não muito mais velha do que elas, Etelvina Ferreira do Nascimento, filha de uma senhora que vivia na mesma fazenda.

Havia quem achasse que Isabel inventara a história da defloração para se vingar de Josino por seu namoro com Etelvina e também quem garantisse que o próprio lavrador oferecera sua filha ao italiano.

Além disso, outro boato corrente no mesmo período acusava o próprio Josino de ter deflorado Etelvina - razão pela qual a família da moça estava exigindo que eles se casassem.

Resumindo: era um disse me disse danado, ninguém podia provar o que se falava e a vida íntima da família Pires Sampaio foi devassada sem que se chegasse à verdade sobre o fato central do processo.

Depois do processo

Com ou sem a aprovação de Bertholina e Isabel, Josino e Etelvina se casaram em Jequié no dia 05 de outubro de 1906.

"O contraente com quarenta e três anos de idade, filho legítimo de Antonio Pires Sampaio e Anna Noronha Sampaio, natural de Amargosa e residente nesta vila; a contraente com dezoito anos de idade, filha natural de Maria Florentina do Nascimento, natural da cidade de Ituaçu e residente nesta vila.", revela a certidão do casamento sobre os futuros pais de Georgina.

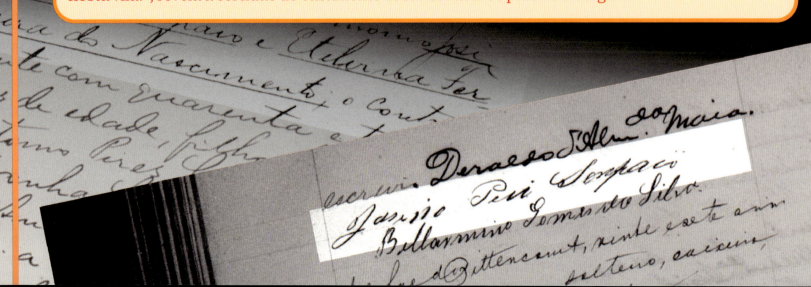

Fuçando

Se o processo judicial sobre o defloramento de Isabel não existisse, chegar ao início da história de Georgina seria uma missão quase impossível para os Albertos.

Munida com as informações obtidas no processo, a dupla telefonou para a Primeira Igreja Batista de Jequié, cujos membros sabiam de um pastor casado com uma neta do "Irmão Caboré".
Ela não sabia nada sobre Georgina, mas passou para os Albertos o telefone da última filha de Caboré e Bertholina ainda viva - que, por sua vez, também desconhecia a existência de uma tia chamada Georgina, mas acrescentou novos detalhes à árvore genealógica da família.
"Minha mãe tinha pouco contato com meu avô depois do casamento dele com Etelvina. Além disso, eles se mudavam muito, não tinham parada... Moraram em toda a região de Jequié... Gandu, Ipiaú, Nilo Peçanha...", contou a filha de Bertholina, "Certa vez, apareceram em Jequié duas moças, batistas também, Eunice e Raquel. Conversa vai, conversa vem, minha mãe se deu conta de que eram irmãs dela por parte de pai. Acho que Etelvina já tinha morrido nessa época.".

Tempos depois, os Albertos localizaram documentos de um irmão e uma irmã de Georgina falecidos no estado de São Paulo: Jonas (Osasco, 1987) e Jamim (São Vicente, 2003).

Em conversa por telefone com um dos filhos de Jonas, David, a dupla finalmente teve a certeza de que aquela era a família de Georgina.
"Meu pai sempre falava de sua irmã Georgina, de quem ele queria muito ter notícias.", relembrou David, "É que quando ela era bem novinha e meus avós moravam em Jitaúna ou Itabuna, passou pela fazenda uma família de missionários batistas e Georgina foi embora com eles. Era muito inteligente e acharam que poderia ser uma grande missionária. Prometeram que iam educá-la e torná-la missionária também. Meu pai passou a vida inteira desejando saber se isso aconteceu mesmo. Mas, afinal, me digam... Georgina se tornou uma missionária? É por isso que vocês estão escrevendo um livro sobre ela?".
Digamos que sim, David - mas não exatamente batista.

Já com Elinalva, uma das filhas de Jamim, foram muitas conversas, por telefone e pela Internet.
Ela sabia pouco sobre a família materna, mas adorou saber mais através dos Albertos - inclusive, foi ao encontro de seu primo David para conhecê-lo pessoalmente.

Por fim, uma neta de Eunice, Elis, foi localizada através do Facebook.
Depois de algumas entrevistas virtuais, ela recebeu os Albertos em sua casa em Jequié em 2018.
Confirmando o relato de David, Elis contou que sua avó também falava bastante da irmã levada pelos missionários: "Essa irmã era muito sonhadora e quando essa família passou pelo lugar onde eles moravam, ela pediu que a levassem dali. Tinha seus doze, treze anos de idade. Minha avó sempre dizia: 'Eu tenho uma irmã sumida no mundo.'.".
"Acho que minha avó teria um piripaque se soubesse que a irmã dançava com cobras!", brincou Elis.

Pelo que os Albertos puderam apurar, Josino e Etelvina tiveram cerca de dez filhos - mas não foi possível descobrir os nomes de todos.

No geral, toda a família permaneceu na Igreja Batista, com raras exceções.

Depois da partida de Georgina, os outros irmãos acabaram tomando diferentes rumos e perderam o contato entre si.

Quando os Albertos localizaram a família, seus irmãos já tinham falecido e os sobrinhos dela pouco ou nada sabiam uns dos outros.
De certa maneira, a pesquisa sobre Georgina ajudou a reunir parte da família novamente, promovendo encontros como o de David e Elinalva.

Eunice — Jamim — Jonas — Bertholina

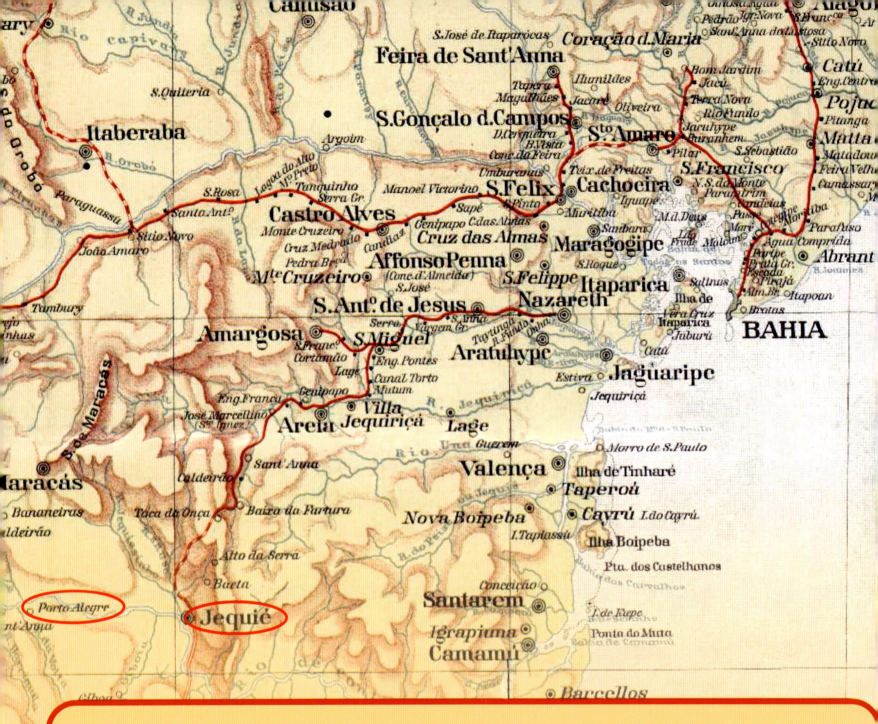

A bem da verdade, nenhum dos irmãos de Georgina sabia ao certo sua própria data de nascimento.
Levando uma vida nômade pelas matas da região de Jequié, Josino e Etelvina parecem não ter registrado seus filhos logo que nasciam. Alguns deles só tiveram seu primeiro documento quando se casaram.

Oficialmente, Jonas nasceu em 1914 e Eunice em 1916 - ambos em Jequié. Jamim teria nascido em 1924 em Nilo Peçanha.
Considerando que 1917 realmente tenha sido o ano do nascimento de Georgina, parece provável que ela também seja uma filha de Jequié.
A única certeza é que não foi em Porto Alegre que Georgina veio ao mundo, pois a vida nômade de seus pais nunca ultrapassou os limites da Bahia.

Uma curiosidade interessante que vale destacar é que nos arredores de Jequié havia um povoado chamado Porto Alegre, pertencente a Maracás.
Talvez isso explique a confusão que "tornou" Georgina uma gaúcha.
É possível que ao tirar seu primeiro documento, ela tenha declarado que nasceu - como se dizia na época - "no lugar denominado Porto Alegre", se referindo ao lugarejo baiano - levando o escrivão a registrar erroneamente sua localidade natal como a Porto Alegre capital do Rio Grande do Sul.
Erros de cartório eram comuns naquela época e a maior parte das pessoas jamais alterava esses dados equivocados.

Jequié, a Chicago baiana

Jequié ficou conhecida como "a Chicago Baiana" depois de uma trágica enchente que destruiu a cidade em 1914 e fez com que ela tivesse que ser reconstruída totalmente. Algo parecido acontecera com Chicago em 1871 - com a diferença de que a destruição da cidade norte-americana tinha sido pelo fogo.
Também chamada de "Cidade Sol", Jequié se distingue pela rara característica de ser um misto de sertão, caatinga e mata.
Entre as possíveis explicações etimológicas de seu nome, alguns estudiosos asseguram que se trata de uma palavra indígena que significa "onça" - há outras teorias, mas essa é a mais suzykinguiana.
E por falar nisso - além da própria Suzy King - Jequié também deu ao mundo um outro filho bastante suzykinguiano: o poeta Waly Salomão.
Quando Waly nasceu, em 1943, ela já andava bem longe da cidade e provavelmente ele nunca soube de sua existência.
Importante centro de comércio, Jequié era considerada uma das principais cidades da Bahia na época em que a menina Georgina vivia naquela região.
Mas essa não era exatamente a Jequié de seus pais e irmãos, que viviam em casebres rústicos e provisórios construídos em terras "sem dono" que cultivavam até que alguém mais poderoso se apossasse delas e os expulsasse.
Sempre que isso acontecia, toda a família seguia para outras terras - às vezes, deixando para trás alguma filha que agradara o novo senhor do lugar.
"Quando vivia com a família, ela apanhava muito... Levava cada surra! E desde criancinha, tinha que trabalhar todo dia na roça. Começava antes de clarear e só podia voltar para casa depois que escurecia.", revelou Carlos, o filho de Georgina, relembrando o que a mãe lhe contava sobre sua infância em depoimento concedido para os Albertos em 2018.
Reza a lenda que os métodos de evangelização empregados por Caboré - o cunhado de Georgina que promoveu a conversão da família à Igreja Batista - também tinham algo de Chicago: ele pregava a palavra de Deus armado com seu trabuco para garantir que seria ouvido pelo povo de Jequié.

Mãe solteira aos quinze anos

Se é verdade que Georgina nasceu em 1917, ela foi mãe solteira aos quinze anos, em outubro de 1932.

O registro mais antigo de Georgina encontrado pelos Albertos é uma certidão de nascimento de Carlos, seu filho, com dados declarados por ela em 1937 no Cartório da Sé, na capital baiana, onde residiam na Rua Carlos Gomes. Nesse documento, o menino aparece como Carlos Alberto Sampaio, filho ilegítimo de Georgina Pires Sampaio nascido na Ladeira de São Miguel, em Salvador, às treze horas e treze minutos do dia 13 de outubro de 1932. Detalhe: ao que tudo indica, esse é o único documento no qual Georgina é apresentada como nascida na Bahia. De 1938 em diante, ela "se tornou" gaúcha.

Em 1940, já em São Paulo, Carlos ganhou uma nova certidão de nascimento no Cartório do Brás.
Segundo os novos dados declarados por sua mãe, ele era Carlos Sampaio de Araújo, filho legítimo dela "e de seu marido" Rodolfo Lopes de Araújo ("residente em lugar ignorado"), "casados em Jequié". Dessa vez, Carlos nascera às treze horas e quarenta minutos do dia 18 de outubro de 1932 em Salvador.

A Ladeira de São Miguel - oficialmente Rua Frei Vicente - liga a Baixa dos Sapateiros ao Pelourinho e suas construções eram ocupadas majoritariamente por cortiços, centros espíritas e bordéis na década de 1930.

Não se sabe como Georgina foi parar ali - grávida! - depois de deixar sua família acompanhando os tais missionários batistas.

Rodolfo Lopes de Araújo - o pai que aparece na segunda certidão de nascimento de Carlos - pertencia ao corpo da Polícia Militar do Estado da Bahia.
Trinta anos mais velho do que Georgina, ele já era casado e tinha três filhos adultos quando Carlos nasceu. Portanto, nunca foi seu marido.

Considerando os nove meses da gestação, Carlos foi concebido no início de 1932 - e o fato é que justamente nesse período, Rodolfo era o delegado de Jequié. Reportagens da época registraram suas investidas contra perigosos bandoleiros "êmulos de Lampião" que estavam aterrorizando a região.

O resto da história fica por conta da fantasia de cada um a partir dos elementos apresentados.

Pouco tempo depois de registrar Carlos, ainda em 1937, sua mãe o entregou aos cuidados do pai e dos irmãos de Rodolfo, que viviam em Alagoinhas, no agreste baiano.
Um dos irmãos de Rodolfo, Porphirio Leal de Araújo, tomou para si a incumbência de cuidar da educação do menino. Além de matriculá-lo em uma escola, providenciou seu batismo na Igreja Católica, se tornando seu padrinho junto com sua irmã Maria Angélica.

Carlos ficou em Alagoinhas entre 1937 e 1940.
Enquanto isso, sua mãe tentava a sorte muito longe dali, na efervescente noite paulistana.

Diva Rios

a primeira persona

Os detalhes que envolvem a chegada de Georgina em São Paulo permanecem desconhecidos.
As informações encontradas pelos Albertos apontam que sua carreira como cantora teve início na capital paulista em 1939.

A primeira persona artística criada por Georgina ganhou um nome bem característico de seu tempo: Diva Rios.

Cantora e compositora de sambas, marchas, canções indígeno-brasileiras e regionais, Diva Rios - como qualquer intérprete da música popular brasileira de sua geração - carregava a inevitável influência de Carmen Miranda.

Para se ter uma ideia de seu estilo como artista, basta dizer que "Vatapá", composição de Dorival Caymmi lançada pelos Anjos do Inferno em 1942, era uma das músicas que integravam seu repertório.

Assim que se sentiu estabilizada profissionalmente, Georgina buscou Carlos em Alagoinhas.
Eles chegaram juntos em São Paulo a bordo do navio Aratimbó em outubro de 1940, dias antes do aniversário de oito anos do menino.
"Fomos residir num hotel situado na Rua Vitória, 50.", contou Carlos em entrevista concedida aos Albertos em 2019.

Dias depois, Diva Rios estreava no show de variedades do dancing Danúbio Azul, na Praça Princesa Isabel, 4 - casa em que dividiu o palco com atrações como a cantora de tango Yolanda de Juno e a vedete anã Lili.

A partir desse momento, Carlos passou a acompanhar a mãe em suas aventuras.

Em 1943, os dois se mudaram para o Rio de Janeiro, onde foram viver no bairro boêmio da Lapa, em um quarto alugado em uma casa de cômodos situada na Rua do Rezende, 87.

Pouco se sabe sobre a carreira de Diva Rios na capital carioca.
Seu único trabalho registrado na Delegacia de Costumes e Diversões do Rio de Janeiro é sua participação na opereta "Alvorada do Amor" em montagem realizada pela Empresa Paschoal Segreto em 1944.

Por essa época, ela também passou a atuar como bailarina fantasista. Anúncios publicados na imprensa em 1946 fazem referência à participação de Diva Rios - em dupla com o bailarino Jorge Livért - em um show de variedades realizado no Teatro República.

Analisando em retrospecto, Carlos disse aos Albertos em 2018 que sua mãe deveria ter investido na carreira de atriz - "Ela era bem melhor do que Alda Garrido!", afirmou - ou bailarina, mas lhe faltava paciência e humildade para ingressar numa companhia teatral ou de dança como figurante ou corista.
"O artista precisa entender que ninguém começa por cima. No início, aparece na terceira fila. Depois na segunda, na primeira... Até se tornar o protagonista do espetáculo.", avaliou, "Ela não queria respeitar essa hierarquia... Tentou já começar como atração principal, como cantora... Mas o canto não era o forte dela!".

O fato é que o objetivo de ser o grande destaque do show parece ter movido Georgina ao longo de toda sua carreira artística, fechando diversas portas para ela e a conduzindo por caminhos cada vez mais excêntricos.

Deu na mídia

Diva Rios, cantora brasileira, visita o DIARIO DA NOITE

Musicas regionais e canções indigeno-brasileiras compõem o repertorio da graciosa artista

Encontra-se em São Paulo, desde há alguns dias, a cantora carioca Diva Rios, que pretende apresentar-se aos radiouvintes em uma das emissoras paulistanas.

Diva Rios esteve ontem em visita à redação do "Diário da Noite", mantendo com a nossa reportagem alguns instantes de interessante palestra, durante a qual relembrou sua recente temporada na Bahia, onde atuou no cassino Tabaris com agrado geral dos baianos.

Diva Rios interpreta músicas e canções indígeno-brasileiras, tendo especiais criações próprias em sambas e composições regionais. Além disso, a artista patrícia é exímia violonista, acompanhando-se naquele instrumento.

Após rápida temporada em nossa capital, Diva Rios pretende fazer uma excursão pelas principais cidades do estado, sendo que já tem em mãos vários convites e propostas de contratos em algumas emissoras do interior.

Diário da Noite, 1942

Na sua trajetoria ascencional
VARIEDADES DANUBIO AZUL DANCING
O Maior e Melhor "Dancing" da Capital
Praça Princeza Isabel, 4 — Fone 5-7838
HOJE - Quinta-feira - HOJE — O grande cantor centro-americano
GUILHERME BAZZO

Apresenta a primeira grande festa artística oferecida pelo DANUBIO AZUL em homenagem aos seus distintos habituées — Yolanda de Juno, graciosa intérprete de canções portenhas, a voz romantica de Buenos Aires — Pacheco Filho, o "Celestino Paulista" — Nhô Nardo e Cunha Junior, os formidaveis violeiros da PRA-6 Radio Edeadora Paulista, em sensacionais desafios e modas de viola — Francisco Aguiar, o inegualavel parodista em imitações e paródias — Diva Rios, muito apreciada cantora de sambas e marchas — Pororóca, o rei do banjo — Julio Moreno, a revelação de 1941, o fiel interprete das canções do inesquecivel Carlos Gardel — Tatú e Pipóca, notaveis humoristas chineses — LILI, a menor "anã" do mundo, com 80 centímetros de altura. Pequena no tamanho e grande na arte, pois canta e baila como gente grande, no seu variadissimo repertorio de sambas e marchas. Sucesso sem precedentes — SURPRESAS DE FERRI e suas duas modernas orquestras, verdadeiros músicos artistas, príncipes do "swing" — 20 elegantissimas "Dancing Girls", 20.

Todas as noites das 22 horas em diante. O "show" do DANCING DANUBIO AZUL é sempre um espetáculo de encanto, num ambiente seleto e luxuoso.

Inspirando a persona

Profissão: cantora de rádio

A década de 1930 marcou o início da Era do Rádio no Brasil.

Ao se tornar o principal veículo de comunicação de massa do país, o rádio revolucionou a cultura, os costumes e os gostos do povo brasileiro, promovendo o acesso à informação e à música pelas mais diversas camadas sociais.

Até então, o cinema era a principal fábrica de ídolos populares, cujas imagens eram levadas aos recantos mais longínquos - bastando para isso uma sala de exibição adequada.

Portanto, se tornar artista de cinema - principalmente em Hollywood - era o sonho natural de quem almejava fama e prestígio.

O rádio exerceu um papel fundamental na ascensão da música popular brasileira, fortalecendo ritmos como o samba e a marchinha e criando um novo tipo de ídolo popular: o cantor de rádio.

Ouvidos de Norte a Sul pelas ondas do rádio, artistas como Francisco Alves e Carmen Miranda se tornaram celebridades nacionais.

A figura de Carmen Miranda serviu de modelo e foi influência inevitável para a maior parte das cantoras de rádio que surgiram no período.

As sobrancelhas desenhadas à moda de Hollywood, o uso de boinas e calças compridas (um tabu para as mulheres na época), o domínio dos trejeitos típicos do samba e uma fala articulada, pontuada por gírias e palavrões (indispensáveis para se impor num ambiente majoritariamente masculino), eram alguns dos elementos que compunham o arquétipo da cantora de rádio brasileira, amplamente promovido através das atitudes públicas e pessoais de Carmen Miranda.

Foi dentro desse contexto e seguindo essa fórmula que a persona de Diva Rios foi criada no final dos anos 1930.

nos bastidores do espetáculo

Lili, a vedete anã

No século XIX, eram muito populares - principalmente na Europa e nos Estados Unidos - os chamados "freak shows", espetáculos "de horrores" que apresentavam pessoas consideradas aberrações por serem, de alguma forma, diferentes dos padrões físicos estabelecidos como "normais".

Embora esse gênero seja visto de forma negativa por muita gente nos dias de hoje, para os portadores de algum tipo de anomalia ou para aqueles que simplesmente eram gordos, magros, altos ou baixos demais, sendo marginalizados socialmente por conta de seus corpos ou de suas aparências, se tornar atração num desses shows era, muitas vezes, a única forma possível de sobrevivência.

O universo do freak show brasileiro é pouco conhecido pelo grande público; mas reminiscências do gênero continuaram existindo no Brasil - entre elas, podemos citar a presença frequente de anões na mídia, em programas de variedades e humor.

Nos anos 1930, uma anã brasileira, conhecida na vida artística como Lili, alcançou grande sucesso nos palcos nacionais, atuando em teatros, circos, cinemas e dancings e sendo notícia constantemente na imprensa, quase sempre envolvida em casos pitorescos.

Arivle Augusta Borges nasceu no Rio de Janeiro em 15 de abril de 1913.

Única anã da família, filha de uma mulher chamada Elvira, ganhou um nome original, que nada mais era do que o nome de sua mãe escrito ao contrário – "Até no nome, Lili é errada...", diria o jornal carioca "Diário da Noite" em reportagem publicada sobre ela em 1939.

Para se ter uma ideia da imagem que se tinha dos anões naqueles anos, basta ler as seguintes linhas, publicadas no mesmo periódico em 1936 em outra reportagem sobre Lili: "Dizem acertadamente os fatalistas que o destino dos homens vem traçado desde o dia em que nasceram. E num ponto, pelo menos, estão certos. É no que se refere aos pobres diabos que nascem com o sinal indelével, o estigma indestrutível da monstruosidade. Parece que a fatalidade os predestinou para fazê-los alvo da curiosidade e divertimento dos outros homens. Há quem diga que são maus os monstros, que se vingam da própria fealdade e inferioridade física aprimorando o espírito em requintes de maldade. Porém, o caso que vamos relatar bem reflete os sentimentos muito humanos que muitas vezes podem sobrepujar até o espírito de vingança desses pobres entes.".
"É uma história interessante em que aparece, sobrepondo-se a todo e qualquer outro sentimento, o amor a dirigir a vontade de uma jovem que se fez artista pela sua condição de anã.", seguia a reportagem, "O seu nanismo, ao invés de fazê-la má, tornou-a boa, predominando no seu pequenino coração, ao invés da revolta contra a anormalidade inelutável, um outro sentimento diferente, muito humano e capaz de levá-la a um passo que talvez lhe possa trazer a ruína.".
O sentimento ao qual a reportagem fazia referência era a ardente paixão de Lili por um jogador de futebol, "alto e forte", com quem ela fugira de casa.

"Aos catorze anos de idade, senti os primeiros pendores artísticos.", contaria Lili ao jornal carioca "A Noite" em 1948, "Fui a um circo e, desde então, fiquei escrava do picadeiro. Não podia fugir à fascinação da gente do meu tamanho. Não sei por que, os anões têm loucura pelo circo. Eles e os palhaços de vocação só podem viver quando estão debaixo de uma lona velha. E eu não fugi à regra. Juntei-me de corpo e alma a essa gente boa, tornando-me artista.".

Nos palcos, Lili costumava se apresentar cantando e dançando e era anunciada como "Lili, a menor anã do mundo, com oitenta centímetros de altura. Pequena no tamanho e grande na arte, pois canta e baila como gente grande, no seu variadíssimo repertório de sambas e marchas.".

A artista alcançou grande prestígio junto ao público a partir dos anos 1930, década em que conheceu Alcides Machado da Silva, jogador de futebol do Olaria Atlético Clube e enfermeiro e massagista do Bonsucesso Futebol Clube, mais conhecido como Paulista, descrito pela imprensa como "um tipo agigantado e atlético", "alto, forte, com atitudes, pelo menos na aparência, másculas".

"Quando contava vinte e quatro anos de idade, nas proximidades do circo onde estava trabalhando, em Olaria, conheci um homem que mexeu comigo.", diria Lili, em 1948, ao jornal "A Noite", "Ele disse que gostava da minha voz. Parei e ele me pediu que cantasse o 'Hino Nacional'. Achei graça e respondi-lhe que na rua não poderia cantar. E segui o meu caminho. Na noite seguinte, quando apareci no picadeiro, vi sentado numa cadeira o único homem que se dirigira a mim. Cantei com alma, arranquei aplausos. Depois, mais um encontro e outro mais e esse homem, que não é anão, tornou-se meu amante.".

O romance de Lili, porém, não era bem visto por sua mãe - razão pela qual, por mais de uma vez, a artista fugiu de casa com Paulista. Nessas ocasiões, Elvira ia aos jornais e pedia a ajuda dos leitores para localizar sua filha.
"Turnê criminosa? Contratada por três dias, a artista anã há dois meses que está ausente de casa", dizia uma das manchetes a respeito.
Enquanto isso, longe de casa, a pequena Lili se envolvia em grandes aventuras, como em certa ocasião, em 1937, em que salvou duas jovens raptadas pelo pai. O homem simulara um suicídio três anos antes, sequestrando em seguida as duas filhas e levando-as da mãe, com quem viviam na capital carioca, para Cabo Frio.
Quando Lili se encontrava na cidade com um circo, as jovens foram até ela e lhe contaram tudo, pedindo que a anã as devolvesse à mãe. O episódio se tornou notícia, é claro, com Lili no papel de heroína.

Tudo era motivo para que os jornais dessem atenção a Lili, desde sua casa - com "móveis condizentes com o seu tamanho e tipo", como "uma cama de oitenta centímetros de comprimento e todas as demais peças de um mobiliário de quarto, todas pequeninas, para servir a ela exclusivamente", nas palavras do "Diário da Noite" carioca - até sua interpretação do anão Tico-Tico em uma luxuosa montagem de "Branca de Neve e os sete anões" no Teatro João Caetano, no Rio de Janeiro, em 1938, quando o desenho animado de Walt Disney baseado no conto dos Irmãos Grimm chegava aos cinemas nacionais. "Tico-Tico é o Atchim dos sete anões de Branca de Neve da Praça Tiradentes.", publicou a revista "O Cruzeiro" na época, "Triste destino de anã. Dupla ironia. Travesti em sessenta e um centímentros.".

Porém, a última vez em que Lili esteve em evidência foi por um caso trágico que se passava com ela: a morte de seu filho recém-nascido - chamado pelos repórteres de "bebê gigante" - em 1948.

Desde sempre, Lili alimentava o sonho de ser mãe. Embora tivesse tentado durante muitos anos, não conseguira, tendo adotado então uma menina de dez meses, a quem chamou Maria do Carmo, a qual perdera a mãe e estava sendo dada embora pelo pai na cidade de Paraguaçu, em Minas Gerais.

Maria do Carmo já contava onze anos de idade quando Lili conseguiu finalmente engravidar.
Estando separada de Paulista, a artista recebia ainda, às vezes, a visita dele, que embora vivesse com outra mulher, continuava apaixonado por ela.
De uma dessas visitas, nasceu um menino de quarenta e nove centímetros, Jorge.

Lili deu à luz na Maternidade de Niterói e o nascimento do menino foi noticiado como um "número extra", atraindo muitos curiosos para o local, ansiosos por ver "a anãzinha e seu filhão".

Jorge faleceu poucos dias depois e Lili também passou muito mal, quase morrendo, chegando até mesmo a contar para a filha adotiva - através dos jornais - que ela era adotada, pois Maria do Carmo era perseguida pelas outras crianças - que só se referiam à menina como "a filha da anã" - e a artista temia morrer sem que a filha pudesse conhecer sua verdadeira origem.

Lili se recuperou e seguiu em frente, sumindo da mídia a partir de então.
Muito tempo depois, terminaria seus dias no Retiro dos Artistas, entre o anos 1980 e 1990, divertindo os demais residentes até o final de sua vida vestida de Carmen Miranda, dançando e cantando seu repertório do passado.

Embora seu nome seja pouco lembrado, Lili marcou época e enfrentou os preconceitos sociais, ganhando projeção positiva em um mundo de pretensos "iguais" em que o notadamente diferente é visto de forma negativa.

"Ser gigante é muito pior.", dizia Lili, "É mais feio e bem mais incômodo. Quando chega a qualquer lugar, tem dificuldade em tudo. Portanto, não tenho nada de me queixar da minha microaltura.".

 **Beatriz Santos**
 **Camilo Bastos**
 **João Martins**
 **Tanára Régia**
 **Arthur Sanches**
 **João Celestino**
 **Alzira Rodrigues**
 **Luiz Rubini**
 **José Mafra**
 **Leda Carrasco**
 **Isa Rodrigues**
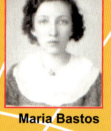 **Maria Bastos**
   **Benito Rodrigues**
 **Manoel Rocha**
Maestro Vivas
Coreógrafa Lou
  **Ildefonso Norat**

nos bastidores do **espetáculo**

A opereta

O nome de Diva Rios não aparece no material publicitário da opereta "Alvorada do Amor", de Otávio Rangel, estrelada por Tanára Régia e Pedro Celestino.

A montagem da Empresa Paschoal Segreto foi realizada no Teatro Carlos Gomes em 1944 e contava com nomes importantes no elenco, como Ildefonso Norat e a jovem Isa Rodrigues.

O mais provável é que Diva Rios fosse uma das coristas que participavam dos bailados orientados pela prestigiada coreógrafa francesa Lou (da famosa dupla Lou e Janot) ou fizesse figuração em alguma cena.

Quando - a pedido dos Albertos - a vedete Vitória Régia perguntou a vários residentes do Retiro dos Artistas se sabiam algo sobre Diva Rios, Isa Rodrigues respondeu em voz alta: "Eu me lembro!" - e se calou.
Pouco tempo depois, em 2015, Isa faleceu, levando consigo sua rara lembrança de Diva Rios.

"Macumba de Nêgo":
Jorge e Diva, bailarinos fantasistas

Em 2013, os Albertos estiveram no centro de documentação da Funarte em busca de informações sobre Diva Rios.

Um dossiê com o nome dela foi encontrado e dentro havia apenas uma folha da Divisão de Documentação do Serviço Nacional de Teatro na qual se lia, escrito à caneta: "Ver também: Dança/Bail.: George Livért".

Mas nenhuma referência a Diva Rios foi encontrada no material disponível sobre Livért na Funarte - o que tornou a conexão entre os dois um grande mistério suzykinguiano.

Tal mistério só foi solucionado em 2020, quando uma fotografia da dupla de "bailarinos fantasistas" Jorge Livért e Diva Rios foi descoberta no acervo do jornal carioca "Correio da Manhã", sob a guarda do Arquivo Nacional.

Trata-se de uma imagem de divulgação do número "Macumba de Nêgo", com música de Pinto Ferreira, apresentado por Jorge e Diva em um show de variedades realizado no Teatro República em dezembro de 1946. Além deles, participavam do espetáculo artistas como o comediante Príncipe Maluco e a equilibrista Miss Helena.

Jorge Livért era bailarino e nasceu no Rio de Janeiro em 1907.
Pertenceu ao Corpo Estável de Bailados do Theatro Municipal carioca, realizou temporadas em cassinos e foi professor de dança.

A casa de cômodos

O quarto alugado por Diva Rios na Rua do Rezende, 87, ficava no primeiro andar da casa de cômodos comandada pela piauiense Excelsia da Costa e seu companheiro, o português Albano Ferreira.

Embora tenha vivido ali por alguns anos, sua relação com os donos da casa parecia não ser muito boa.
Notas publicadas nos jornais da época revelam desentendimentos mais ou menos graves da artista com o casal.
Em queixa apresentada à Delegacia de Economia Popular em 1945, ela acusava Albano de "haver majorado o aluguel do cômodo que ocupa e feito a cobrança do mesmo adiantadamente".
Em outra feita, Diva Rios percorreu as redações de vários jornais afirmando que tinha sido "agredida brutalmente" por Excelsia e sua filha Zuleika.
Para piorar, "indo queixar-se" da agressão "à polícia do 6º Distrito Policial", dizia ter passado "pela decepção de ser maltratada pelo comissário de serviço".

Os Albertos ainda tiveram tempo de conhecer esse prédio, demolido em 2014 para dar lugar a um moderno hotel.
Alguns descendentes de Excelsia e outros moradores da casa de cômodos foram localizados pela dupla através da Internet, mas nenhum deles tinha conhecimento da existência de Diva Rios.

> Procurou-nos a artista Diva Rios para queixar-se de que fora brutalmente agredida pela senhoria e sua filha na pensão onde reside, na Rua do Rezende, 87, sem ter dado motivo para isso.
> A senhoria, de nome Excelsia da Costa - segundo acrescentou a queixosa - vem usando de todos os processos para conseguir a sua mudança dali, porquanto já achou propostas mais vantajosas pelo aluguel do quarto. Pede a artista Diva Rios garantias às autoridades policiais do 6º Distrito Policial.
> *Diário de Notícias, 1946*

> Fomos procurados pela Sra. Excelsia da Costa, proprietária da pensão da Rua do Rezende, 87, que nos veio contestar as alegações da artista Diva Rios, declarando ter sido vítima das suas calúnias, pelo fato de haver manifestado o seu desagrado pela vida irregular que a referida artista vem tendo ultimamente, residindo em sua pensão, onde existem duas jovens em vésperas de casamento, uma das quais é sua filha.
> Alegou que não agrediu a artista, a qual vive apresentando falsas queixas à delegacia do 6º Distrito Policial, e procurando os jornais para, desonestamente, torná-los eco das suas perfídias.
> *Diário de Notícias, 1946*

RUA DO RESENDE, 87

O QUE O POVO RECLAMA

PÃO COM MENOS DE 15 GRAMAS — Esteve em nossa redação o Sr. A. Miloli, que nos exibiu um pão com menos de 15 gramas e declarou que o adquirira na Padaria Palace, sita à rua Marquês de Abrantes n. 266, por trinta centavos, depois de longa espera, numa grande fila.

COM VISTAS AO CHEFE DE POLICIA — Esteve em nossa redação a atriz Diva Rios, pedindo-nos registássemos um pedido de vistas ao chefe de Policia, a fim de mais de um cômodo da casa n. 87, da rua do Resende, da Costa, já locatária da casa de nome Erechéa, da que está a querer obriga-la a pagar um aluguel superior ao que está sendo maltratada pelo comissário do 6.º Distrito, passou pela...

O LIXO NA RUA GENERAL GLICERIO — Gen. Glicerio, em Laranjeiras, por nosso intermédio, as autoridades competentes, no sentido de ser feita naquela zona. A coleta, não raro, é feita... hora do jantar...

ESBURACADAS — PREJURIOS DE AUTOMOVEIS... Grajaú...

INQUILINA AGREDIDA

Esteve em nossa relação a senhora Diva Rios, residente à rua do Resende nº 37, que, segundo nos informou, por não querer deixar o cômodo em que reside na casa de Excelsa da Costa, foi por ela e sua f[amília agredida].

Levou o [caso à delegacia] do 6º distr[ito...]
nientemente...

Queixas à Delegacia de Economia Popular

CONTINUAÇÃO DA 1.ª PAGINA

haver majorado, de 130 para 150 cruzeiros, o aluguel da casa que ocupa. Foi instaurado inquérito.

— Georgina Pires Sampaio, residente à rua do Rezende, 87, 1.º andar, queixou-se do seu senhorio, Albano Ferreira, residente no mesmo prédio, acusando-o de haver majorado o aluguel do [imóvel que] ocupa e feito a co[brança do me]smo adiantadamen[te. Foi instau]rado inquérito.

[—] ... Martins, casado, [residente à rua] Conde de Leopol[dina, ...]2, apresentou quei[xa contra o] senhorio José Hon[... por ter es]te cobrado adian[tado o]aluguel do prédio [que ocupa. F]oi instaurado in[quérito.]

Agredida brutalmente pela senhoria da pensão

Procurou-nos a artista Diva Rios, matriculada na Casa dos Artistas, sob o n. 667, conforme consta da carteira que nos exibiu, para queixar-se de que fora brutalmente agredida pela senhoria e sua filha na pensão onde reside, na rua do Resende, 87, sem ter dado motivo para isso.

A senhoria, de nome Excelsa Costa — segundo acrescentou a queixosa — vem usando de todos os processos para conseguir a sua mudança dali, porquanto já achou propostas mais vant[ajosas] aluguel do quart[o...]

Ao longo dos anos 1940, Copacabana se firmava cada vez mais como o centro noturno, chique e moderno do Rio de Janeiro. Conforme suas antigas construções caíam, imponentes edifícios se erguiam em suas avenidas e ruas, possibilitando a chegada de novos moradores que passavam a habitar apartamentos de todo tipo: caros e baratos, grandes e pequenos, elegantes e modestos.

Ao mesmo tempo, surgiam por todo o bairro boates, inferninhos e casas noturnas dos mais diversos gêneros e portes, o que atraía para Copacabana milhares de artistas (e pretendentes a) que viam ali uma oportunidade de visibilidade, ascensão e - principalmente - trabalho.

Georgina estava entre os artistas que trocaram um quarto alugado em uma casa de cômodos ou pensão na Lapa boêmia - já em processo de decadência - por um apartamento na agitada e promissora Copacabana.

Mas depois de uma década tentando a sorte como Diva Rios, ela sentia que - para dar certo - necessitava de uma mudança mais radical em sua vida do que a de endereço.

Copacabana pedia a construção de uma nova persona artística. Até mesmo o nome Diva Rios - combinação típica das cantoras de rádio da época de sua criação - soava ultrapassado.

Inclusive porque Georgina ampliara seu campo de atuação para a dança - clássica e folclórica - e a ginástica rítmica, áreas nas quais passou a dar aulas.

A persona Diva Rios não comportava mais tantas habilidades.

Foi assim que nasceu Suzy King.

De nome internacional como Copacabana e disposta a se tornar uma das principais vedetes do bairro, a nova persona de Georgina continuava sendo uma cantora, mas também era atriz e - acima de tudo - bailarina exótica.

Não demorou muito para que o exotismo de suas apresentações fosse muito além dos motivos indígeno-brasileiros de que ela sempre gostara.

No início dos anos 1950, Suzy King incluiu enormes serpentes em seus números, seu trabalho e sua vida.

A rival de Luz del Fuego

A bailarina Suzy King resolveu explorar o mesmo caminho de Luz del Fuego: seminudismo e cobras. Foi assim que Luz ficou rica e famosa; junte-se a isso um pouco de escândalo e temos a fórmula mais usada nos dias de hoje para conquistar a manchete dos jornais. Escândalos (Porfirio Rubirosa) e nudismo (Hedy Lamarr, Lollobrigida, Jane Russell) são as armas de muita gente para o estrelato. Convenhamos que são menos perigosas e mais inocentes que as usadas na política.

A Noite, 1954

Inspirando a persona

Folclore, biquíni e cobras

As influências de algumas artistas brasileiras muito populares em seu tempo são óbvias na construção da persona artística Suzy King.

A dançarina Eros Volúsia é tida como a criadora de um "bailado nacional", incorporando à dança clássica elementos indígenas e afro-brasileiros – uma fórmula que deu muito certo.
Capa da revista norte-americana "Life" em 1941, ganhou projeção internacional e participou de um filme em Hollywood - "Rio Rita", lançado no ano seguinte.
Suas aulas de dança exerceram forte impacto sobre artistas como Mercedes Baptista e Luz del Fuego, que foram suas alunas.
Como bailarina folclórica, a influência de Eros Volúsia sobre o trabalho de Suzy King era notável.

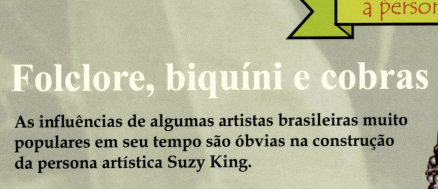

Da vedete Elvira Pagã, Suzy King parece ter assimilado a peça da qual a artista veterana se dizia - controversamente- a lançadora no Brasil: o biquíni.
Em diversas ocasiões ao longo de sua carreira artística, o biquíni foi o uniforme usado por Suzy King para atrair público, se promover, protestar ou aparecer.
Elvira Pagã alcançou a fama cantando em dupla com a irmã Rosina nos anos 1930. Mas foi em 1950, recém-chegada dos Estados Unidos - onde frequentara as rodas burlescas locais - que solidificou sua imagem como vedete sensual e escandalosa.
O biquíni fazia parte do pacote e reforçava essa imagem.
Até nas estações de rádio - onde as outras cantoras costumavam se apresentar usando monumentais vestidos de tule - Elvira Pagã cantava metida num diminuto biquíni.

Rival, concorrente, discípula, seguidora e "segunda edição" da vedete Luz del Fuego foram algumas das formas usadas pela imprensa para definir Suzy King.

Uma nunca se referiu à outra publicamente e não existe nenhum indício de que se conheciam pessoalmente, mas identificar Suzy King com Luz del Fuego era inevitável - pela simples razão de ambas terem feito dos bailados com serpentes seu carro-chefe.

Quando Georgina se tornou Suzy King, Luz del Fuego já era conhecida em todo o Brasil por seus números ofídicos e seus ideais naturistas.

Embora não tenha sido a primeira encantadora de serpentes a se apresentar em palcos brasileiros, a polêmica vedete ficou tão célebre por sua intimidade com as cobras que é impossível - dentro do imaginário nacional - não associar qualquer dançarina do gênero com ela.

No caso específico de Suzy King, o mais provável é que a ideia de dançar com serpentes tenha surgido a partir de seu contato com algum material sobre Luz del Fuego ou mesmo depois de assistir a uma apresentação de sua antecessora naquela arte.

Fora as cobras, ambas tinham em comum o ano de nascimento - 1917 - e o nome da mãe - Etelvina.

De resto, eram muito diferentes - a começar por suas origens: enquanto Suzy King descendia de uma família pobre do interior da Bahia, Luz del Fuego pertencia a uma família tradicional do Espírito Santo.

"Suzy King é uma das transviadas do rebanho naturalista de Luz del Fuego que preferiu fundar a sua própria escola com o intuito de derrubar a vetusta papisa do nudismo."

("Última Hora", 1953)

A ARTE DE DANÇAR COM COBRAS NO BRASIL

Enquanto na Europa e nos Estados Unidos, as encantadoras de serpentes se proliferavam nos meios circenses e burlescos - nos quais surgiram artistas do gênero de grande cartaz como Koringa, Zorita, Lonnie Young e Naja Karamuru (dançarina exótica argentina que se fazia passar por brasileira) - o Brasil - ao contrário do que se pode imaginar - não foi muito pródigo nessa arte.

Índia Mara

Índia Maluá

Antes de Luz del Fuego, o público verde-amarelo aplaudiu algumas raras bailarinas ofídicas - principalmente estrangeiras - que se aventuraram pelos palcos brasileiros. Por exemplo, a norte-americana Miss Otisa, que se apresentou em diversos estados no final dos anos 1910 com suas "vinte e sete monstruosas serpentes vivas" - uma "assombrosa demonstração de Poder Misterioso habilmente apresentada", conforme anunciado na época.

Naja Karamuru

A Eva de hoje subjuga serpentes...
Luz del Fuego ensina as cobras a bailar — Impressionante intimidade entre a bailarina e duas gigantescas gibóias — Um beijo sensacional

Luz del Fuego reacendeu o interesse geral nesse tipo de espetáculo no Brasil a partir dos anos 1940 e abriu caminho para várias domadoras de cobras - entre elas, Suzy King.
Entre os anos 1960 e 1980, também ganharam certa projeção nesse gênero algumas artistas circenses que se diziam índias - como a Índia Maluá, a Índia Mara e Indiany, a Índia Flecha Ligeira - e a travesti Samira del Fuego.
Décadas mais tarde, foi a vez das dançarinas do ventre tomarem para si o monopólio dos bailados com cobras no país.

O edifício

Situado na Avenida Nossa Senhora de Copacabana, 80, o edifício Tunísia ficou pronto no final dos anos 1940 e Suzy King fazia parte da primeira leva de moradores do novo prédio, com doze andares e quatro pequenos apartamentos por andar.

"Resolvido o problema da habitação barata", afirmava um dos anúncios do Tunísia quando ele estava sendo construído.

Suzy King morava no apartamento 1003, nos fundos do edifício.

Nem mesmo a profunda pesquisa dos Albertos conseguiu trazer à tona as condições que a mantinham naquele apartamento - se pagava aluguel, por exemplo.
O fato é que entre 1949 e 1966 - justamente o período no qual Suzy King viveu ali - o apartamento 1003 do Tunísia pertencia a Hermílio Gomes Ferreira, médico militar ligado à Escola Nacional de Educação Física, e sua esposa Tita Ferreira, cantora lírica.

Em entrevista concedida aos Albertos por telefone, uma neta de Hermílio e Tita, Claudia de Beauclair, contou que os avós possuíam outros apartamentos no Tunísia. Claudia, muito pequena, vivia com os pais em um deles, no nono andar.
Em certa feita, a mãe de Claudia - Sônia - teve a desagradável surpresa de encontrar a filha com uma cobra na varanda - era uma das "partners" de Suzy King que escapara do apartamento de sua dona.
Outra curiosidade sempre relembrada por Sônia dizia respeito aos pintinhos que Suzy King comprava na feira para alimentar suas serpentes. Ela soltava os bichinhos na sala para que as cobras pudessem caçá-los e o barulho era perturbador - principalmente para quem vivia no andar de baixo.

Entre os anos 1950 e 1960, o Tunísia esteve nas páginas - geralmente policiais - dos jornais cariocas por diversos motivos, como um misterioso suicídio que também poderia ser um assassinato e acusações contra um síndico que estaria alugando apartamentos vazios para "encontros de casais".

Nada deu tanto o que falar no edifício quanto Suzy King e suas cobras.

A outra vedete do Tunísia

Telefonar para todos os apartamentos do Tunísia foi uma das etapas da pesquisa dos Albertos sobre Suzy King.
Movida pela esperança de encontrar antigos moradores que se lembrassem dela, a dupla teve que superar dezenas de negativas e muito telefone batido na cara - e o fato é que nenhum contemporâneo da artista permanecia no prédio.

Ao ligarem para o 702, porém, receberam um tratamento diferente. A senhora que atendeu também não sabia nada sobre Suzy King, mas deixou escapar: "Eu também fui artista.".
Essa revelação levou os Albertos a pesquisarem o nome da proprietária da linha - Dalva Eyrão de Oliveira - e o material encontrado em jornais e revistas dos anos 1960 foi surpreendente: tinham acabado de descobrir a outra vedete do Tunísia.
Depois disso, os Albertos voltaram a ligar para ela e foram visitá-la algumas vezes.

Dalva Eirão atuou em espetáculos de Carlos Machado e da companhia Brasiliana, se apresentou em diversos países e participou de algumas chanchadas e revistas.
Afastada dos palcos desde o início dos anos 1970, se desfizera de seu acervo pessoal e não guardava nenhuma prova de que realmente tinha sido artista quando conheceu os Albertos. Por conta disso, as colegas de um grupo de atividades para a terceira idade que frequentava duvidavam de suas histórias sobre sua carreira.
Somente quando os Albertos enviaram para ela um dossiê com reportagens e fotografias de suas atividades artísticas, Dalva Eirão pôde provar para o grupo que não contava prosa.

Em 2018, Dalva Eirão - depois de quarenta anos sem sair à noite - marcou presença em um evento realizado no inferninho La Cicciolina, em Copacabana, dentro da programação da quarta edição do festival Yes, Nós temos Burlesco!.
Pouco tempo depois, partiu para os Estados Unidos, onde foi morar com sua filha.

Suzy King contra a vizinhança

Os moradores do Tunísia nunca lidaram bem com a presença das serpentes de Suzy King no prédio - o que rendeu algumas manchetes e crônicas na imprensa carioca.

Se muitos vizinhos já se sentiam desconfortáveis apenas por saber que existiam ofídios por perto, o quadro piorava ainda mais diante dos frequentes incidentes nos quais as cobras da dançarina fugiam de seu apartamento ou caíam de sua varanda.

Deu na mídia

As cobras

Há um edifício de apartamentos em Copacabana cujos moradores estão vivendo uma espécie de pânico permanente, como se lhes rondasse os passos um terrível inimigo. Não se trata de nenhum prédio mal-assombrado, nem sob ameaça de desabamento ou incêndio.

É que reside num dos apartamentos dos fundos uma senhora extremamente ofídica, dona do mesmo "hobby" da senhora Luz del Fuego: adora cobras.

Trata-se, segundo ela própria proclama nos programas que espalha pelos circos suburbanos, de uma "bailarina exótica". Seu número de maior sensação é, precisamente, o das cobras. A madame em questão possui uma bela coleção de jiboias, gordas e dóceis, que se enroscam em seu esguio corpo de bailarina, deslizam pelo seu busto seminu, apertam-lhe o pescoço e escorrem por suas pernas, afetando até mesmo uma intimidade exagerada.

Como se trata de seu ganha-pão, a coleante senhora delas não se separa. As cobras residem com ela no apartamento, comem à sua mesa e até participam de acontecimentos domésticos mais íntimos. São répteis cordatos e mansos, ao que ela própria afirma.

Mas o certo é que os moradores do prédio, tão logo descobriram a presença ali daquele pequeno - mas terrível - Butantã particular, ficaram em polvorosa, as mães aflitas já não deixam as crianças à solta nos corredores, houve uma assembleia geral extraordinária dos proprietários para decidir se expulsam ou não a estranha inquilina.

Uma atmosfera de tragédia iminente caiu sobre o edifício e há moradores mais sensíveis que acordam à noite aos gritos de pavor, "vendo" cobras subindo pela cama, descendo das paredes, escondidas entre as cortinas, debaixo do travesseiro, em toda parte.

É, evidentemente, uma situação bastante desagradável que não pode continuar. Mas a "bailarina exótica" alega em sua defesa uma razão ponderável: as cobras são o seu instrumento de trabalho, como a máquina de escrever para o escritor, o arado para o lavrador, o pincel para o pintor. Ela não pode separar-se de suas cobras pelo simples fato de que elas, as jiboias, a ajudam a ganhar a vida.

E a questão continua a agitar o outrora tranquilo edifício, sem qualquer entendimento possível entre a ofídica senhora e a aflita legião dos demais moradores.

Coluna "Coisas da vida e da morte", assinada por L. C. - Última Hora, 1955

A cobra suicida

Sim, leitor, em Copacabana, capital do Estado da Guanabara, uma cobra se atirou do 10° andar da Avenida Copacabana, 80. Crise amorosa, questões financeiras, a polícia, até agora, não conseguiu apurar. É verdade que, em dado momento, na delegacia do 3° Distrito Policial, era tal a balbúrdia que um detetive chegou a sugerir:

- Então vamos ouvir a cobra.

A ideia não foi aceita porque, como se sabe, cobra não tem palavra.

Num canto da delegacia, piscando seus olhos viscosos, num blaseismo irritante, a cobra aguardava o seu destino. Apesar de ter-se atirado de um 10° andar, chegou embaixo com vida e, aparentemente, sem uma fratura. Trata-se de uma sucuri de dois metros, lenta e mal-encarada.

Eis a história, com os nomes nos lugares certos. A jovem sucuri pertence à coleção de uma famosa faquiresa, cujo nome é Suzy. Lembram-se desse nome? Há alguns anos, Suzy propôs-se a bater o Recorde Feminino de Jejum. Fechou-se em um túmulo de tampa de vidro e o público ia vê-la por vinte cruzeiros. Suzy foi assunto de todos os jornais. Recorda-se um título de notícia: "Suzy, a bela sepultada". Repórteres minuciavam sua beleza - seus louros e longos cabelos, o ondulado grácil do seu corpo. Após quinze dias de jejum, a polícia descobriu que Suzy, depois que a plateia se retirava, comia um bife, com arroz e batatas fritas. Mais reportagens. Suzy passou, então, a ser chamada de "a bela impostora", durante dois ou três dias de indignação pública. Depois, ninguém falava mais nela. Hoje, Suzy volta ao noticiário, em virtude da tentativa de suicídio de sua sucuri, que, milagrosamente, escapou de um 10° andar.

De Paris, mandamos contar a história de uma mulher que (na igreja) se casou com outra. Mal chegamos, estamos contando o caso de uma cobra que, sem explicar por que, atirou-se de um 10° andar. O que irão dizer deste repórter? No caso da cobra, podemos citar como testemunhas, além dos policiais do 3° Distrito Policial, o guarda-civil 1942, que laçou a sucuri e a levou à delegacia. Também a Sra. Natividade Magalhães Lírio, que assistiu à queda do bicho. Além desses, toda a guarnição da RP-76.

Essa notícia pode servir, ainda, como palpite para "fezinha" de hoje ou de amanhã. Cobra, pelos 7 lados.

Coluna "Romance Policial de Copacabana", assinada por Antônio Maria - Última Hora, 1960

Causando

Suzy King contra as desordeiras

Não era apenas com os outros moradores de seu prédio que Suzy King tinha problemas em Copacabana.
De quando em quando, também precisava enfrentar certas "desordeiras" que cismavam de encrencar com ela pelas ruas do bairro.
A polícia, já acostumada com esse tipo de "atrito", nem sempre ia ao seu socorro quando Suzy King estava em apuros.

A faquiresa quase foi anavalhada

Suzy King, a faquiresa cujo nome é Georgina Pires Sampaio, quarta-feira à tarde, no Lido, esteve na iminência de ser agredida a navalha por duas desordeiras, como agora veio à nossa redação contar. E acrescentou ter-se refugiado numa repartição municipal, daí solicitando socorro à radiopatrulha, sem que pudesse ser atendida.

Coluna "Dramas e comédias da cidade" - O Globo, 1957

Suzy King contra Suzy Kirby

Às vezes, algum jornal mal-informado publicava notícias relacionadas a Suzy King e suas serpentes trocando seu nome pelo da conhecida artista Suzy Kirby - o que era comum, devido à semelhança dos nomes, mas causava problemas para Suzy Kirby, mais famosa e também muito mais discreta do que sua "xará".
Radialista, atriz e dubladora, Suzy Kirby atuou no rádio, no cinema e na televisão e era capaz de fazer mais de cem vozes diferentes - entre as quais, personagens femininos e masculinos, animais, instrumentos e imitações perfeitas.

Suzy Kirby, que realmente se chama Eunice Guigon de Araújo, mas que há muito adotou aquele nome artístico, revela seu aborrecimento com as atividades de uma artista que surgiu com um nome parecido com o dela. A outra usa o nome de Suzy King, dança com cobras e para aumentar a confusão mora perto de sua casa. Há pouco tempo, a segunda Suzy deixou escapar algumas cobras que guarda em seu apartamento e Suzy Kirby teve um trabalhão para explicar aos amigos que não é amiga de répteis.

Revista do Rádio, 1954

nos bastidores do anúncio

"Seja esbelta!": as aulas da professora Eva Breyer

O número do telefone do apartamento de Suzy King - 37-7961 - era a referência de contato indicada em uma série de anúncios publicados nos jornais cariocas entre 1949 e 1950.
"Seja esbelta! Ginástica para moças e senhoras. Aulas particulares para emagrecimento. Dança clássica para meninas. Informações com Eva - Tel.: 37-7961.", diziam esses anúncios.

Por algum tempo, a professora de balé e ginástica Eva Breyer morou com Suzy King em Copacabana.

Nascida em 1916, Eva era alemã e também se apresentava como acordeonista. Nos anos 1940, trabalhou no Cassino da Urca e no teatro de revista carioca. Mais tarde, criou uma companhia infantil de variedades, promovendo shows de atrações mirins como o espetáculo "Teatro de 'Brotinhos'", realizado em 1950. Nesse grupo, havia um cantor de foxes e sambas, um quarteto de ritmo que tocava rumbas, um passista de frevo e até um imitador de Vicente Celestino, entre outras atrações - tudo "de crianças para crianças".
Seu envolvimento com o público infantil a levou ao comando do programa de rádio "Hora do Pequeno Trabalhador", transmitido pela Rádio Mauá - nesse período, seu nome passou a ser grafado Eva Brayer, para facilitar a pronúncia.

Indagada sobre como conciliava tantas funções numa entrevista concedida ao "Diário da Noite", Eva foi direto ao ponto: "Nenhum dos meus empregos me cansa. Só não gosto da rotina.".

Artista de boate

Embora também se apresentasse em circos e teatros, no rádio e na televisão, Suzy King teve como seu principal campo de trabalho as boates.
Fosse no Rio de Janeiro ou em São Paulo, em Minas Gerais ou no Paraná, era nas boates que ela encontrava o palco e o público ideais para apresentar seus voluptuosos números de bailados com cobras.

Em Copacabana, madrugada adentro, boates como a Acapulco, a Metrô, a Bidou, a Bolero e tantas outras apresentavam shows de variedades nos quais - entre números de canto, striptease, ilusionismo e transformismo - uma performance com cobras sempre tinha lugar garantido.

Morando no bairro e tendo ao seu redor tantas casas do gênero, Suzy King se especializou em números com o formato e o timing certos para uma apresentação em boate.

nos bastidores do espetáculo

Carmen Brown, a Vênus de Bronze

Bailarina exótica de grande prestígio no Brasil no início dos anos 1940, Carmen Brown era norueguesa e atuou nos shows de alguns dos principais cassinos do país.
No teatro, trabalhou com Walter Pinto. No cinema, apresentou seus números de dança em filmes brasileiros e estrangeiros.

Afastada do palco durante algum tempo por problemas pessoais, Carmen Brown ressurgiu em 1956 numa temporada realizada na boate Bidou, na Avenida Prado Júnior, 63, em Copacabana.
Nessa temporada, por alguns dias, Carmen Brown dividiu o palco da casa com outra atração: a domadora de serpentes Suzy King!

Deu na mídia

Carmen Brown por Carmen Brown

Eu nasci em Oslo, Noruega, onde a neve cobre os bancos das praças. Como vê, sou filha de uma região longínqua, perto do Skagerrak. Era uma menina sem juízo quando meus pais me fizeram artista.
Meus pais eram, segundo os jornais da época, atores famosos, completos: cômicos, dramáticos, acrobatas. Foi em Copenhague que me fiz artista, dançando músicas típicas nas pontas dos pés. Depois, a Alemanha de ontem. Berlim. Diziam que eu tinha nome. Hamburgo, Viena, valsas e eu todas as noites entrava por uma porta azul numa agremiação de músicos onde ficava horas e horas embevecida com os violinos, pianos e o sentimentalismo das páginas austríacas.
Mas não parou aí a minha trajetória. Vim para a América Latina. Saltei numa bela manhã em Santiago do Chile. Peru. Colômbia. Argentina. Uruguai. Cansei da América. Tinha já me dedicado às danças africanas e, sozinha, viajei para a Libéria, onde vivi sob o seu céu um pedaço do seu romance. Entrei em contato com aquela gente das selvas e me tornei senhora de todas as particularidades de suas festas selvagens. Aprendi a ser uma bailarina do gênero. Senti saudade do povo hospitaleiro da América do Sul e inesperadamente saltei na Venezuela.
Percorri o Equador e demais países onde tinha estado antes, porém dessa vez com uma companhia de revistas por mim organizada. Sofri muito, decepções, mágoas, e, contrariada, com o dinheiro que me sobrou, fui aos Estados Unidos, para realizar um sonho de menina sem juízo: queria comprar um chapéu numa casa de modas da Quinta Avenida. Achei-me pequenina demais naquelas calçadas movimentadas da grande artéria de Nova York. Um simples mosquito diante de um elefante. Uma partícula da grande massa anônima, desconhecida, dinâmica, admirável. Numa casa de fotografias, vi um retrato da Baía de Guanabara. Quase enlouqueci ante tanta beleza, e a bordo de um navio da linha internacional, desembarquei em Buenos Aires para logo pisar essa terra maravilhosa pela primeira vez.

Carioca, 1945

Deu na mídia

A vedete europeia veio ao Rio e a Cidade Maravilhosa a encantou de tal forma que resolveu ficar aqui definitivamente. Sua categoria, como cantora e bailarina exótica, e sua plástica muito contribuíram para o gáudio dos boêmios em várias partes do Brasil.
(...)
No excitamento da dança, no turbilhão dos contratos e dos shows, Carmen Brown não viu passar rapidamente o tempo. (...) Enquanto corriam fugazes os anos e o seu nome continuava a brilhar e a piscar no colorido do néon.

Um dia, porém, a linda norueguesa sumiu para a plateia. Não se falou mais dela. O seu show não continuou. Parecia encerrado. O pandemônio de sua vida artística havia abalado seus nervos e o cansaço havia dominado sua carne. Apenas o espírito pairava no ar bailando e cantando. Mas o espírito não podia comparecer em público.

Carmen retirou-se. Foi tratar da saúde...

No apogeu de sua carreira, a bailarina - que tanto "frenesi" causava ao público com suas exóticas indumentárias, seus resumidos trajes de fantasia e suas danças fantásticas, entre as quais já havia incluído uma "macumba" estilizada e excitante - fazia contratos fabulosos. Ganhava muito dinheiro. E gastava tudo, entre riso, amor e alegria.

Ela esquecia-se facilmente de que devia economizar hoje para o amanhã. E o amanhã chegou. Triste, perverso, como para todo artista, que só encara a vida no fim da carreira!

A esquisita Sra. Brown viu-se obrigada a trabalhar noutras ocupações, movendo-se fora de seu âmbito. Sua alma de artista não resistia, entretanto. Um emprego hoje, outro no dia seguinte. Ela não se dava bem em lugar nenhum.

Foi quando resolveu exercitar-se um pouco nas antigas coreografias, que tanto sucesso lhe valeram. Assim o fez, e obteve rapidamente, de novo, o domínio da sua arte. Faltava um empresário corajoso que a lançasse. Apareceu então Valdir Alvarado, que a contratou. E a "Vênus de Bronze" fez o seu reaparecimento para o público, quinze anos após suas primeiras exibições no Rio. Com a mesma flexibilidade das primeiras vezes.

E, apesar do tempo e da idade que vai avançando, Carmen Brown obteve o aplauso do público da Bidou, e sentiu-se novamente a mesma dos bons tempos.

A Noite, 1956

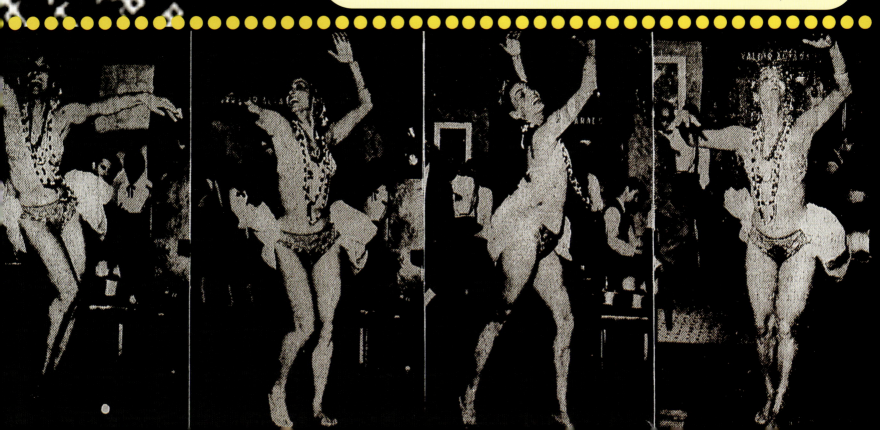

UM SUSTO

—DUAS MINHOCAS... —MAS QUE MINHOCAS!

Dormia a Enorme Cobra Sucuri Num Apartamento de Copacabana

"CATARINA" CAUSOU PÂNICO NOS VIZINHOS

ASSUSTOU-SE A SENHORA AO VER UMA COBRA DENTRO DE SEU APARTAMENTO

Uma bailarina rival de Luz del Fuego a dona do ofídio
"Catarina", o reptil, quis fazer uma visita à vizinha

Aí estão as duas "minhocas" ao colo de sua dona.

As cobras (Catarina e Cleópatra) invadiram o apartamento vizinho

O FATO EM FOCO

"Socorro! Uma cobra gigantesca está invadindo meu apartamento!", foi o grito que se ouviu pelos corredores do edifício Tunísia na tranquila manhã de 01 de dezembro de 1953.

Ao ver a senhora italiana residente no apartamento 1004 correndo em trajes menores em sua direção, o porteiro não teve dúvida e chamou imediatamente a radiopatrulha, pois qualquer coisa muito séria devia estar acontecendo.

Quando a polícia chegou, a italiana, muito nervosa, contou que naquela manhã, ao acordar, se dirigira à varanda de seu apartamento para tomar um ar. Mas, instintivamente, olhara para o chão antes de abrir a porta de vidro que dava acesso à varanda.

E que susto! Uma cobra enorme estava enroscada em um vaso de planta, se movimentando com um jeito de quem pretende se esconder, mas é grande demais para isso.

Enquanto a guarnição da radiopatrulha tentava remover a cobra da varanda com grande dificuldade, a história se espalhava pelo resto do prédio - mas nem precisava chegar muito longe para que se elucidasse o mistério do aparecimento de uma serpente no décimo andar de um edifício.

Pois foi da porta vizinha - apartamento 1003 - que, ao tomar conhecimento do caso, saiu uma mulher com ares de bailarina exótica que, ignorando o alerta dos policiais para que tomasse cuidado, simplesmente desenrolou a cobra do vaso e a tomou para si carinhosamente.

Tanta intimidade não era amor à primeira vista: a mulher era a dona da cobra!

Foi então que tudo se esclareceu: ela tinha bem mais do que ares de bailarina exótica, pois essa era sua profissão.

"Sou Suzy King, artista de circo e teatro.", se apresentou, apontando depois a cobra, "E ela é minha partner Catarina.".

E Catarina não era a única serpente no prédio - no apartamento da artista havia outra, chamada Cleópatra.

Pois bem: regressando de uma turnê pelo interior da Bahia no dia anterior, Suzy King deixara suas companheiras de palco em um caixote na varanda de seu apartamento.

Catarina - um "ofídio irrequieto", nas palavras de sua dona - abandonara o caixote e resolvera dar uma esticada até o apartamento da vizinha, se rastejando de uma varanda para a outra.
Como publicou um jornal depois, tratava-se apenas de uma "visita indesejável".

Depois de esclarecer tudo, Suzy King achou a atitude da vizinha muito exagerada.
"Minhas companheiras são simples minhocas inofensivas!", declarou para a imprensa, que, à essa altura, já chegara em peso no prédio, "Ela se alarmou sem motivo, por ser italiana.".
E posou sorridente para os repórteres desconfiados de que tudo não passava de "um audacioso golpe de publicidade".

nos bastidores da notícia

A vizinha italiana

Nascida em Terlizzi, na província italiana de Bari, Maria Petrarota parece ter vivido grandes emoções sendo vizinha de porta - e de varanda - de Suzy King em Copacabana.

Mas em depoimento concedido aos Albertos em 2018, Carlos, o filho de Suzy King, colocou em dúvida o pavor que a vizinha italiana demonstrava aos repórteres quando uma cobra aparecia em seu apartamento.

Interrogado sobre o assunto, Carlos sorriu com deboche e disse apenas que sua mãe e Maria Petrarota eram muito ligadas. Para bom entendedor...

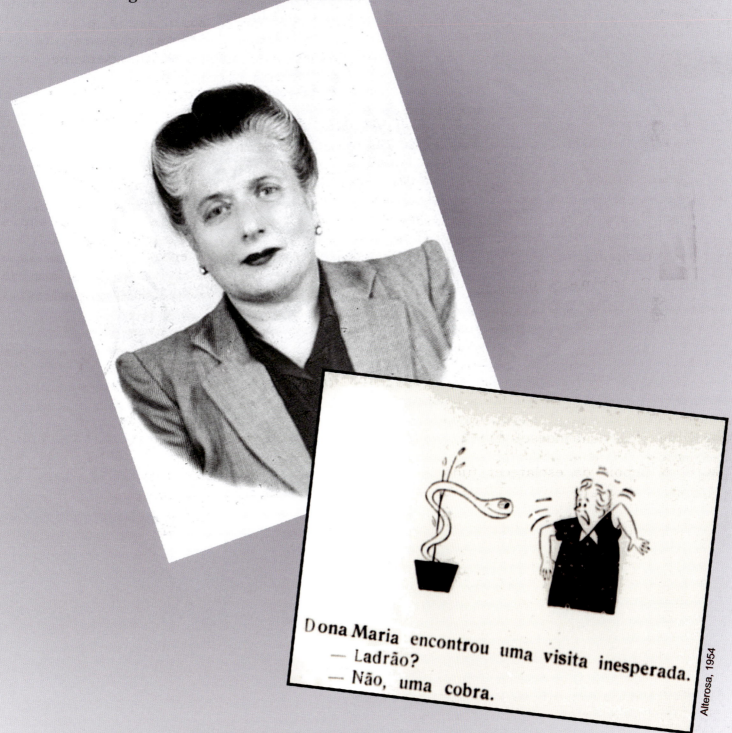

Dona Maria encontrou uma visita inesperada.
— Ladrão?
— Não, uma cobra.

Alterosa, 1954

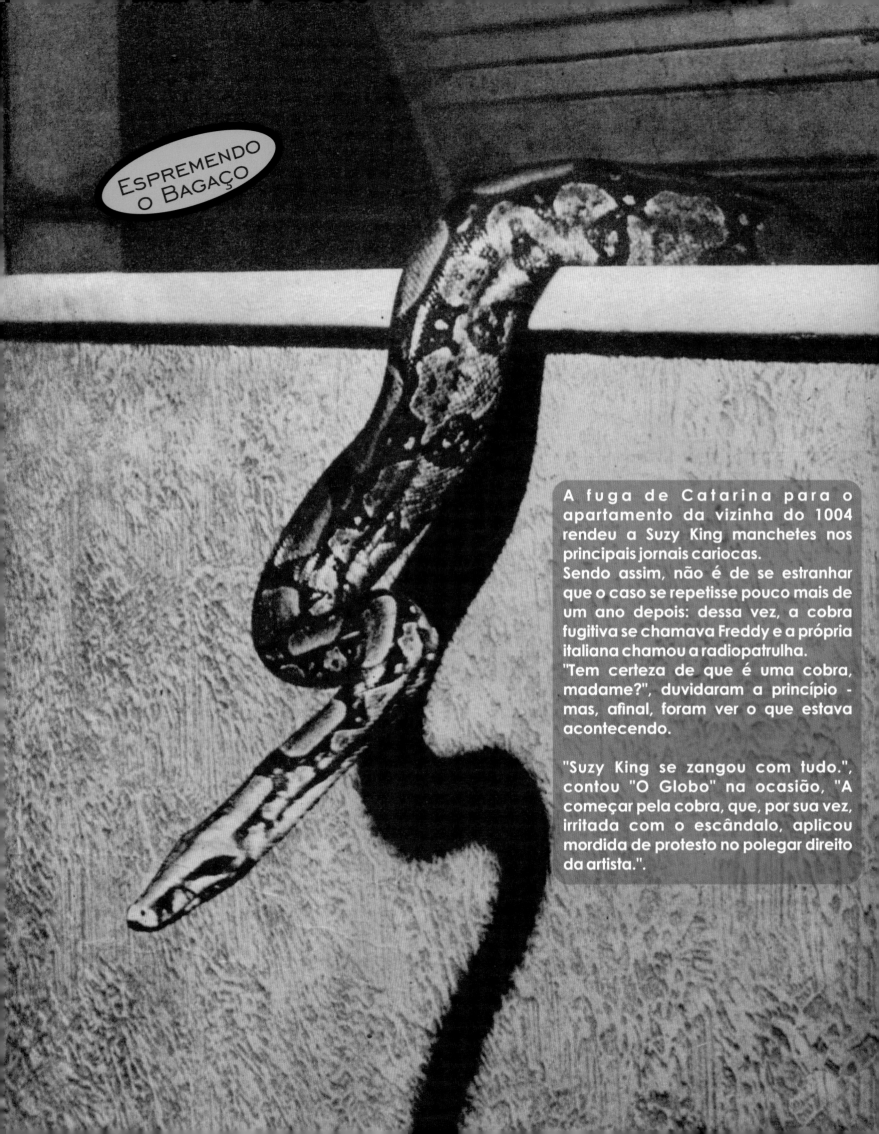

ESPREMENDO O BAGAÇO

A fuga de Catarina para o apartamento da vizinha do 1004 rendeu a Suzy King manchetes nos principais jornais cariocas.
Sendo assim, não é de se estranhar que o caso se repetisse pouco mais de um ano depois: dessa vez, a cobra fugitiva se chamava Freddy e a própria italiana chamou a radiopatrulha.
"Tem certeza de que é uma cobra, madame?", duvidaram a princípio - mas, afinal, foram ver o que estava acontecendo.

"Suzy King se zangou com tudo.", contou "O Globo" na ocasião, "A começar pela cobra, que, por sua vez, irritada com o escândalo, aplicou mordida de protesto no polegar direito da artista.".

Inspirando a Ação

Essa história de cobra "fugir" e apavorar a vizinhança sempre rendeu boa publicidade para qualquer encantadora de serpentes. Suzy King não foi a primeira - e também não seria a última - a usar esse recurso para se promover.

Luz del Fuego ainda usava o nome artístico Luz Divina quando, em 1943, a imprensa carioca noticiou amplamente o desaparecimento de uma de suas cobras - motivo de grande pânico no edifício no qual vivia na época, no Leme.

"A minha 'filhinha' estava doente. Mandei chamar um veterinário. Ele veio, examinou a pobre, receitou e saiu. Ela tomou um banho medicamentoso e ficou a secar. Eu saí. Quando voltei, não mais a vi.", justificou Luz del Fuego na ocasião.

Foi a primeira manchete da midiática carreira artística de Luz del Fuego - e uma excelente inspiração publicitária para Suzy King e todas as artistas do gênero que vieram depois.

RAINHA das ATRIZES

1956

O concurso

Realizado todos os anos a partir de 1933, o Baile das Atrizes era organizado pela Casa dos Artistas e uma de suas finalidades era arrecadar verba para os serviços assistenciais prestados pela entidade.
A cada ano, o baile contava com a escolha de uma Rainha das Atrizes a ser coroada nos festejos pré-carnavalescos.
Título de grande prestígio, a coroa de Rainha das Atrizes pertenceu - entre muitas outras - a Eva Todor, Gilda de Abreu, Aracy Côrtes, Alda Garrido e Mara Rúbia.

No Carnaval de 1956, o Baile das Atrizes já se encontrava em sua 24ª edição e foi patrocinado pelo jornal "Última Hora".
Como sempre, várias artistas de maior ou menor cartaz se candidataram ao posto de rainha.
As principais concorrentes daquele ano eram Angelita Martinez, Peggy Aubry, Wilza Carla, Célia Mara, Rosita Lopes e... Suzy King!

A eleição aconteceria por meio da venda de votos pelas próprias candidatas.
Além dos votos populares, elas também podiam apresentar o que se chamava de "voto de qualidade", dado "pelo Presidente da República, senadores, deputados, vereadores" e outras autoridades.
Os votos seriam apresentados ao longo de seis apurações ocorridas entre dezembro de 1955 e janeiro de 1956.

"Os prêmios são os seguintes: para a Rainha, um automóvel 'Buick'; para a segunda colocada, um aparelho de televisão, tela 22 polegadas; para a terceira colocada, uma viagem a Buenos Aires (dez dias de estada)."
("Última Hora")

Rosita Lopes, Angelita Martinez, Wilza Carla e Suzy King, gracioso naipe de candidatas ao título de Rainha das Atrizes. Quem vencerá

As apurações

Angelita Martinez saiu na frente das demais candidatas comprando dez mil votos já no ato de sua inscrição no concurso. A Casa dos Artistas ainda nem tinha os votos impressos para lhe entregar e teve que improvisar um recibo para que a vedete pudesse retirar os votos depois.

Algumas candidatas anunciadas ao longo do concurso nunca apresentaram votos ou tiveram que desistir do título por algum motivo. Lilian Fernandes, por exemplo, não pôde participar do concurso por ser noiva do comediante Colé, então Presidente da Casa dos Artistas.

Em busca de votos "de qualidade", Suzy King esteve na Câmara dos Deputados e conseguiu a adesão de vários políticos - com destaque para o polêmico Tenório Cavalcanti.

Mas embora se esforçasse bastante para conseguir votos, era impossível competir com Angelita Martinez, que a cada apuração se distanciava mais das outras candidatas.

Portanto, não foi uma surpresa quando, na apuração final, o resultado ficou assim:

1º lugar - Angelita Martinez - 450.350 votos
2º lugar - Peggy Aubry - 100.050 votos
3º lugar - Wilza Carla - 21.500 votos
4º lugar - Suzy King - 14.350 votos

Assim que tomou conhecimento do resultado do concurso, Suzy King partiu para São Paulo com suas cobras - não queria correr o risco de ser recrutada para ser uma das "princesas" da Rainha Angelita no Baile das Atrizes, realizado no Teatro João Caetano.

Este ano o concurso para Rainha das Atrizes será abrilhantado com várias concorrentes de grande valor, destacando-se a figura bonita de Suzy King.

Essa estrela da comédia e sobretudo admirável bailarina de estilo folclórico tem aparecido em vários elencos, sobressaindo-se, ultimamente, na TV Tupi, onde tem dançado enroscada em várias cobras. Esses sucessos de sensação muito têm agradado e empolgado ao grande público espectador.

Suzy King é, de fato, uma jovem bonita, com uma plástica admirável capaz de causa inveja a Vênus de Milo, caso ela existisse; dança com apuro e representa com arte; tem, enfim, todas as qualidades próprias e suficientes para ocupar o trono de Rainha das Atrizes, lugar tão almejado por todas as artistas de grande projeção.

A postos, pois, senhores cabos eleitorais: Suzy King deverá ser a Rainha das Atrizes de 1956, certame que está sob o patrocínio de "Última Hora".

Jornal das Moças, 1956

Rainhas... No Carnaval

A corrida pelas cobiçadas coroas de rainha vai animada.
(...)
Como Rainha do Carnaval, temos um nome interessante que é Suzy King, a famosa bailarina que dança com cobras e tem aparecido na televisão. Será uma rainha diferente, uma espécie de Cleópatra a dirigir as batalhas carnavalescas.

Jornal das Moças, 1956

nos bastidores do Concurso

A Rainha

Paulista nascida em 1931, Angelita Martinez foi uma das principais vedetes do teatro de revista carioca.
Quando venceu o concurso de Rainha das Atrizes de 1956, vivia o auge de sua carreira artística.
Aclamada vedete-revelação em 1953 e sempre presente na lista das "mulheres mais bem despidas do ano" escolhidas por Stanislaw Ponte Preta, Angelita também é muito lembrada pelos casos amorosos que atribuem a ela - sendo com o político Jango e com o jogador de futebol Garrincha os que mais causaram - e ainda causam - rumor.
Jogadora inveterada, perdeu boa parte do que ganhou no bacará.
Faleceu jovem, prestes a completar quarenta e nove anos de idade, vítima de leucemia.

Angelita responde hoje a três perguntas do cronista com aquela sem-cerimônia e ironia de sempre.
Por que você resolveu ganhar duas coroas, a de Rainha das Atrizes e a Rainha do Carnaval? - Resposta: Se Elizabeth tem uma, por que Angelita Martinez não pode usar duas?
Se você estivesse no lugar de Margaret, escolheria a coroa (de princesa) ou o capitão? - Resposta: A coroa. Capitães há muitos, mas coroa do Império Britânico só uma.
Você parece que tem mania de realeza. - Resposta: Até que não. De reis e rainhas, só me dou bem com os do baralho.

A Noite, 1955

Colé suspirou aliviado quando colocaram na cabeça de Angelita Martinez a coroa de Rainha das Atrizes de 1956. Como Presidente da Casa dos Artistas, este ano ele organizou o concurso que deu esse título à conhecida vedeta. E teve muitas dores de cabeça desde o dia em que ela o venceu. Pela primeira vez, foram dados prêmios às primeiras colocadas e, o da rainha, era um automóvel "Buick", no valor de 250 mil cruzeiros. Quando Angelita viu o auto, achou-o feio e antiquado. Colé, então, lhe propôs a venda do mesmo por 200 mil cruzeiros, o que foi aceito na ocasião. Angelita recebeu, por conta, um cheque de 100 mil cruzeiros e a promessa de mais 110 mil (10 mil para ajuda no vestido da coroação) no dia seguinte. Como demorasse um pouco a entrega dessa quantia, a rainha eleita foi para os jornais e botou a boca no mundo: "Eu quero o meu prêmio!" - reclamava ela. Ameaçava, até, de não comparecer à coroação no baile do Teatro João Caetano. O escândalo estava formado e Colé, para acabar com a onda, achou de bom alvitre dar-lhe o restante do dinheiro prometido. E Angelita fechou-se em copas.

O Cruzeiro, 1956

AS (OUTRAS) CANDIDATAS

PEGGY AUBRY

WILZA CARLA

ROSITA LOPES

CÉLIA MARA

Fuçando

A participação de Suzy King no concurso que elegeria a Rainha das Atrizes de 1956 tendo como suas concorrentes várias vedetes do teatro de revista carioca estimulou os Albertos a procurarem algumas vedetes da época - por telefone - na esperança de que tivessem algo para contar sobre Suzy King.

Começando pelas candidatas do concurso daquele ano, localizaram Peggy Aubry. Ela não tinha a menor ideia de quem era Suzy King, mas contou orgulhosa que ainda guardava a faixa de Princesa das Atrizes que ganhara na ocasião.

Janette Jane

Peggy Aubry

Em seguida, os Albertos telefonaram para a vedete Janette Jane, a Rainha das Atrizes de 1955, presente na primeira apuração do concurso de 1956.
Antes de revelar qualquer coisa, ela quis ter certeza de que eles sabiam mesmo com quem estavam falando: "Quem foi a Rainha das Atrizes de 1955?", foi logo perguntando.
"Você, Janette Jane.", responderam cordialmente os Albertos.
"Ah, tá... E o que vocês queriam saber mesmo?", questionou, mais mansa.
E o diálogo foi mais ou menos assim:
- De Suzy King, uma das vedetes concorrentes em 1956.
- Mas eu nunca ouvi falar dessa "vedete"... Em que companhia ela trabalhou?
- Não sabemos se ela participou de alguma revista... Mas trabalhou na boate Bidou, na Prado Júnior...
- Francamente! Boate na Prado Júnior? Já entendi o que ela era... Não era vedete. Mas, afinal, por que é que vocês resolveram fazer um livro sobre ela? Eu fui Rainha das Atrizes, atuei em várias revistas... A minha vida daria um livro bem mais interessante!

Lilian Fernandes

Lilian Fernandes - embora tenha sido forçada a desistir do título em 1956 - também foi procurada.
A conversa dos Albertos com ela durou quase duas horas e ela falou sobre tudo - menos sobre Suzy King, de quem nunca ouviu falar.

Outras vedetes não tinham nada a ver com o concurso daquele ano, mas nem por isso os Albertos deixaram de ligar para elas.

Algumas foram bem receptivas.
Dorinha Duval garantiu que se lembrava de Suzy King: "Ela não dançava só com as cobras. Fazia uns números com uns pássaros grandes e outros bichinhos também... Aliás, ela própria era um bichinho!".
E para finalizar - a pedido de Alberto de Oliveira - deu a risada da Cuca, personagem do folclore brasileiro que interpretou no "Sítio do Picapau Amarelo" da TV Globo em 1977.

Outras, pelo contrário, não foram nada receptivas.

Carmem Verônica - além de nunca ter ouvido falar de Suzy King - não gostou de ser chamada de "vedete", palavra que acha depreciativa: "Sou uma atriz, pouco trabalhei no teatro de revista e quem me chama assim quer desmerecer o meu trabalho.", esbravejou.

Carmem Verônica

Dorinha Duval

Eloína, Sandra Sandré, Lia Mara, Vitória Régia, Dorothy Marlow... Essas são apenas algumas das vedetes interpeladas pelos Albertos ao longo de sua pesquisa sobre Suzy King.
Poucas tinham uma vaga ideia de quem se tratava - ainda assim, sem muita certeza.
Ao final de tudo, a dupla constatou que Suzy King nunca conseguiu se inserir nas rodas teatrais de seu tempo, tendo sua existência completamente ignorada pela maior parte dos remanescentes do meio artístico de então.

O baile das atrizes volta a ser festa da família Teatral

A nova Rainha das Atrizes, Fernanda Montenegro, recebe o beijo solene de Isa Rodrigues. Coroa-se, assim, uma atriz de comédia depois de 10 anos que o trono foi das vedetes. A 1.ª Rainha foi a atriz dramática Regina Maura (1933)

Ao longo de uma década - mais especificamente nos anos 1950 - apenas vedetes conquistaram o trono de Rainha das Atrizes - o que não era bem visto por parte do público.

Somente no Carnaval de 1960, com a escolha da atriz Fernanda Montenegro através de método diferente da venda de votos empregada nos concursos anteriores, o reinado das vedetes foi quebrado no Baile das Atrizes.

"Neste ano de 1960, em que o Rio de Janeiro se despede como Capital da República, o Baile das Atrizes passou por sensíveis transformações, desde o método de escolha da sua soberana até a frequência selecionada que se observou no recinto do Teatro João Caetano - local onde sempre se realizou o Baile - elegendo-se uma rainha diferente das que ultimamente ganharam o cetro da festa: o título coube a uma legítima representante do nosso teatro de comédias. Quebrou-se, destarte, uma rotina que não colocava o Baile das Atrizes muito bem aos olhos de muita gente, pois não faltava quem perguntasse: 'Por que não mudam o nome para Baile das Vedetes?'. Sim. Na verdade, as últimas 'rainhas' se consagraram pela venda de votos (nem sempre numa competição comprovadamente honesta), cujos resultados financeiros têm dado margem aos rumores mais desencontrados, comprometendo o brilho do acontecimento e, há anos, a coroa é privilégio das moças de nosso teatro de revistas.

Muito bem fez o atual presidente da Casa dos Artistas com suas novas providências. O ator Delorges Caminha reconduziu o Baile das Atrizes ao lugar que a tradicional festa merece. Não que as nossas vedetes não façam jus ao posto de artistas, pois são profissionais como as outras. Por isso, nos congratulamos com a administração do Sr. Delorges dada a ideia moralizadora do Baile, que estava perdendo o seu encanto e se desviando das altas finalidades com que foi criado."

("Teatro Ilustrado", 1960)

O FATO EM FOCO

"Perón fugiu! Procurem Perón! Não lhe façam mal!", gritava a voz chorosa que colocou em alerta todos os hóspedes do Hotel Irradiação na madrugada de 03 de fevereiro de 1956.

Batendo de quarto em quarto, uma mulher de tipo exótico, vestindo uma blusinha vaporosa e calças compridas, perguntava a todos se tinham visto Perón.

Alguns pensavam logo no político argentino homônimo, mas ela se apressava em desfazer a confusão: nada disso - o Perón que estava procurando era uma cobra de um metro e meio!

Ao se dar conta do que a estranha mulher estava dizendo, a maior parte dos hóspedes nem respondia - quase todos deixavam seus quartos sem olhar para trás e corriam para o hall do hotel, tomados pelo pavor.

E ela seguia com sua busca, ainda mais desesperada do que os assustados hóspedes.

A notícia não demorou para chegar até o proprietário do hotel, que ordenou que todos os empregados procurassem por Perón.

Não por empatia com a tal mulher, mas para sossegar os outros hóspedes, que se recusavam a voltar para seus aposentos até que Perón reaparecesse.

Pela manhã, a radiopatrulha foi chamada para reforçar as buscas.

Todos os quartos foram revistados minuciosamente - cada móvel, bagagem, utensílio... E nada!

"Tudo inútil!", diria um jornal depois, "Perón desaparecera espetacularmente, sem deixar o mais leve vestígio!".

Nesse momento, a imprensa também já se fazia presente e uma dúvida pairava no ar: afinal, o que é que uma cobra chamada Perón estava fazendo em um hotel localizado em pleno centro de São Paulo?

Todos se voltaram para a exótica mulher que iniciara a busca.

Acostumada a ser o centro das atenções, ela deu uma tragada em seu cigarro e finalmente se apresentou.

Era a encantadora de serpentes Suzy King e Perón integrava a ofídica trupe que a acompanhava em seus espetáculos de canto e dança.

Deu na mídia

Diante do alarma, o proprietário do hotel passou a tomar as providências que se faziam necessárias: correu ao quarto da artista e... Qual não foi a sua surpresa ao encontrar sobre a cama mais dois "brutos" ofídios: Cleópatra, uma autêntica jiboia de três metros, aos "beijos" e "abraços" com o companheiro Oséas Martins, uma jararacuçu-do-brejo com dois metros de comprimento.
Apavorado, exigiu explicações da artista, pois desconhecia a existência daquele "ninho de cobras" em seu estabelecimento. Esse não aceitava nem cachorro. Nem gato.
A jovem esclareceu então: Era bailarina profissional, artista de rádio e televisão carioca, onde se apresenta com números exóticos, cantando e dançando com dezenas de cobras. Possui no seu apartamento em Copacabana, aproximadamente, umas vinte cobras. Cleópatra, Oséas Martins e Perón são suas companheiras inseparáveis. Para onde vai, jamais se separa das três "amiguinhas". Leva-as.

Última Hora, 1956

Indignado ante a balbúrdia e confusão estabelecidas no seu hotel com a fuga de Perón, o proprietário intimou a vedeta a abandonar dentro de poucas horas o estabelecimento e foi textual, afirmando: "A senhora tem um prazo até as dezesseis horas para apanhar sua bagagem, cobras, o diabo e dar o fora.".
Desse modo, a essas horas, Suzy King já deve estar em outro qualquer estabelecimento, brincando com suas "queridas filhinhas" até que por um descuido qualquer o Oséas Martins ou a Cleópatra resolvam "tomar ares" e criem novo problema para a rival de Luz del Fuego.

Última Hora, 1956

"Perón é um ingrato! Jamais pensei que fosse capaz de uma atitude como essa! Durante toda a noite, dormiu ao meu lado. Quando despertei, tinha me abandonado."

" Não me surpreendeu muito essa atitude de Perón. Nunca tive sorte com esse nome. Essa é a segunda cobra a que dou tal nome. A primeira foi tão terrível e violenta que jamais consegui domá-la. Foi sempre rebelde... Morreu seca, mas não se curvou... Não houve carinhos, não houve nada que desse jeito!"

"Se fosse a Cleópatra ou o Oséas Martins, acredite-me, eu teria me suicidado!"

nos bastidores da notícia

O hotel

Situado no centro de São Paulo, na esquina da Avenida Ipiranga com a Rua Santa Ifigênia, o Hotel Irradiação mudou de nome - se tornou Hotel Internacional São Paulo - mas continuava funcionando quando os Albertos foram até lá em busca de resquícios da agitada hospedagem de Suzy King e suas serpentes seis décadas antes.

Nada foi encontrado, mas os Albertos promoveram o segundo momento ofídico do hotel levando consigo a jiboia Suzy King, que interpretou o papel de Perón em uma cena gravada com a artista Divina Valéria para o filme "A senhora que morreu no trailer".

Divina Valéria

Hotel Irradiação - atualmente Hotel Internacional São Paulo

Alberto de Oliveira e a jiboia Suzy King no interior do hotel

"Vim a São Paulo descansar, depois de uma intensa atividade artística, atuando em rádio, televisão e em algumas turnês. No entanto, a fuga de Perón atrapalhou tudo e tenho que procurá-lo, agora, por toda a cidade ou partir levando essa profunda mágoa: tê-lo perdido para sempre!"

Faquiresa

Em meados da década de 1950, as provas de jejum apresentadas por homens e mulheres que se autodenominavam faquires e faquiresas eram muito populares no Brasil.
A maior parte deles se exibia jejuando durante longos períodos dentro de uma urna de cristal, sobre uma cama de pregos ou cacos de vidro e na companhia de serpentes.
Geralmente, essas urnas eram instaladas em saguões de cinema e teatro, barracões montados especialmente para esse fim e salões comerciais - sempre em locais de grande movimento. O público pagava para entrar e ver de perto o artista "passando fome".

É provável que tenha sido o fato de já trabalhar com cobras que estimulou Suzy King a se lançar como faquiresa em 1956.

Ela não aderiu às torturantes camas de pregos ou cacos de vidro, preferindo se exibir deitada num colchão, mas suas provas de jejum tinham um diferencial: enquanto as outras faquiresas usavam trajes de odalisca, macacões e outras roupas "bem-comportadas" dentro da urna, Suzy King jejuava seminua, vestindo apenas um sumário biquíni.

A estreia: 20 dias de jejum em Juiz de Fora

A primeira exibição de Suzy King como faquiresa aconteceu na cidade mineira de Juiz de Fora em março de 1956.

Dias antes do início da prova, ela chegou na cidade e fez seu cartaz. Na Rádio Industrial, "Suzy King e suas cobras venenosas" marcaram presença num programa de auditório. Em seguida, realizaram uma temporada na boate Moulin Rouge.

Suzy King foi encerrada em sua urna de vidro numa noite de sexta-feira no palco do cineteatro Glória depois de participar de um coquetel oferecido à imprensa local no Raffa's Club.
Antes de entrar na urna, ela dançou para o público presente no Glória.

Cinco cadeados fechavam a urna e as chaves de cada um deveriam ser entregues a cinco pessoas importantes da cidade para garantir que Suzy King não sairia dali até o final da prova. Os escolhidos seriam os "padrinhos" do espetáculo.
Mas nenhum deles compareceu na noite de abertura e outros padrinhos foram providenciados de última hora.

Já dentro da urna com suas três cobras, Suzy King foi transportada para a galeria do edifício Juiz de Fora, na Rua Halfeld, 763, onde ficou exposta na loja 8 durante todo o período da exibição.

Deu na mídia

Suzy King, numa prova de gentileza para com a imprensa, ofereceu ontem um coquetel aos jornalistas, aos radialistas e às autoridades de nossa cidade.
A reunião realizou-se no Raffa's Club, às 17 horas, e transcorreu num ambiente muito cordial e alegre.
Para satisfazer a curiosidade das moças que participaram do coquetel, a artista contou pormenores de seu trato com as perigosas cobras. Uma das jornalistas presentes manifestou o desejo de aprender a lidar com ofídios, tendo Suzy King prometido ensinar-lhe.

Gazeta Comercial, 1956

Apresentada ao público pelo locutor Amauri Valerio, a faquiresa mostrou as três cobras que serão suas companheiras durante todo o tempo do jejum.

Suzy exibiu Jango (presente do Vice-Presidente da República), Oséas Martins e Perón, sendo as duas primeiras do mesmo tamanho (três metros mais ou menos) e a última a maior delas.

Como padrinhos da prova, o empresário Nogueira havia convidado várias pessoas, passando pela decepção de vê-las ausentes, o que provocou um convite, à última hora, a outros padrinhos.

Depois de colocar as três cobras na urna, Suzy King foi também encerrada, sendo procedido ao fechamento da urna com cinco chaves, que ficarão com a própria pessoa.

A advogada Judith Lade, nossa companheira de redação e representando o gerente do jornal, Sinval Cruz, em viagem; o presidente do Olímpico Atlético Clube, Darci Malta; o médico, Dr. Francisco J. Santos; o radialista Mauro Lucci e o maestro Mário Vieira foram e são portadores das cinco chaves da urna e que estarão reunidos daqui a vinte dias, para a abertura.

(...)

Pouco depois, foi providenciado o transporte da urna, que é pesadíssima, para o local onde vai ficar durante todo o tempo, isto é, uma das salas da galeria do edifício Juiz de Fora.

Ao descer do palco, houve um contratempo e o vidro lateral esquerdo partiu, ferindo o operador da Rádio Industrial, Edu Alexandrino, que teve que ser medicado na Drogaria Americana, com ferimento no nariz. Por milagre, Edu não feriu os olhos, o que seria lastimável.

Colocada num caminhão, a urna foi levada ao seu destino, sempre com enorme dificuldade e atropelo.

Há quem diga que Suzy King, com a nossa temperatura sempre oscilando, não vai suportar o frio.

A faquiresa foi de biquíni para a urna.

Folha Mineira, 1956

Deu na mídia

Espremendo o Bagaço

"Não falem com a faquiresa. A Bela entre as Feras" - dizia o aviso. Como Mister Eco não estava para falar e fazia frio, o Augusto entrou. Encerrada numa urna de vidro, Suzy King, que foi candidata a Rainha do Baile das Atrizes, dormia a sono solto envolta em pesado cobertor e sobre um colchão de Vulcaspuma. Ao seu lado, também com frio, enroscadas e muito tristes, duas cobrinhas inofensivas. "A Bela e a Fera". Dez cruzeiros a entrada. Coisas.

Coluna "'Cachos' da Madrugada", assinada por Mister Eco
Diário da Noite, 1956

Em meados de 1956, pouco depois de sua prova em Juiz de Fora, Suzy King voltou a se exibir jejuando - dessa vez, em São Paulo.

Essa apresentação foi pouco comentada pela imprensa. O registro coube ao jornalista Mister Eco, que assinava uma coluna sobre a vida noturna na edição carioca do "Diário da Noite" e se encontrava excepcionalmente fazendo uma "ronda paulista" na ocasião.

A outra faquiresa de Juiz de Fora

Pouco mais de um ano depois de Suzy King, outra faquiresa se exibiu em Juiz de Fora.

Dzy Tzú - anunciada na cidade como "a japonesinha que desafia a morte" - era filha de lavradores japoneses de Goiás e jejuava deitada sobre uma cama de pregos.

Muito jovem - contava cerca de vinte anos de idade - abandonara um convento salesiano seis meses antes do juramento claustral para se dedicar ao faquirismo, "guiada por uma inspiração de sublime sacrifício".
"Com o fruto do seu trabalho, pretende abrir futuramente um orfanato para crianças desamparadas, contribundo assim para a humanidade.", publicou a revista local "O Lince" na época.

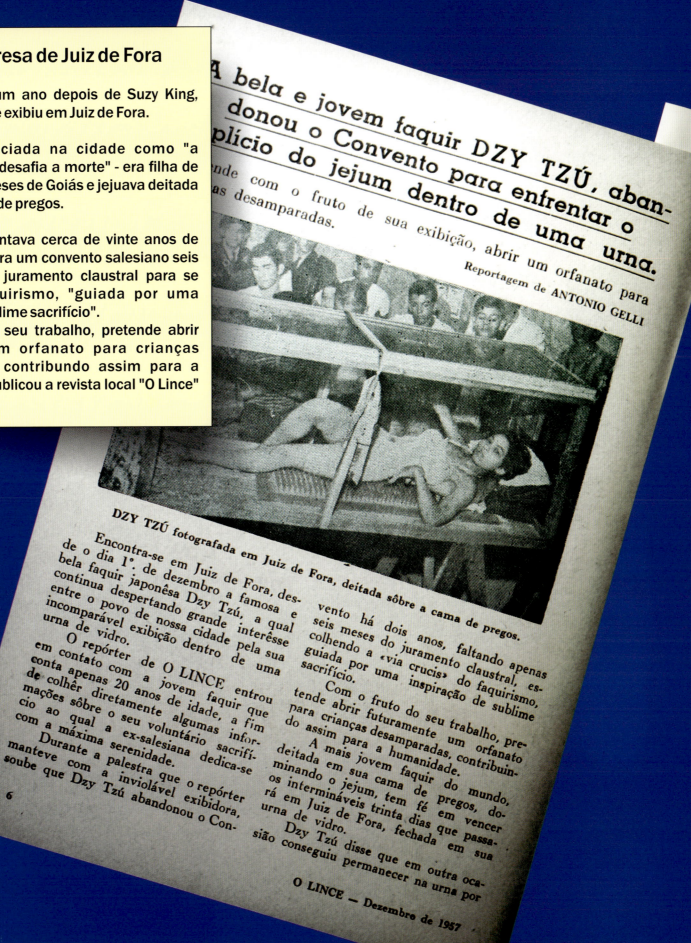

A arte do jejum no Brasil

A partir de 1899, quando o jejuador italiano Giovanni Succi, mundialmente aclamado, realizou uma turnê pela América do Sul, incluindo as capitais dos estados de São Paulo e do Rio de Janeiro em seu roteiro, volta e meia surgia em algum canto do Brasil um aventureiro disposto a repetir a façanha de passar alguns dias exposto ao público sem comer.

Inicialmente não identificada com o faquirismo – embora às vezes algum repórter evocasse os faquires indianos em matérias sobre os artistas jejuadores – a arte do jejum sempre foi bastante controversa, colocando seus representantes em confronto com o ceticismo do público, que nunca acreditou muito na veracidade das exibições.

Tanto que o próprio Succi, ao passar pelo Rio de Janeiro, foi acusado pela imprensa de estar se alimentando durante a prova de trinta dias sem comer que apresentava em um salão naquela capital, trancafiado em um cubículo de vidro.

"E dizer-se que foi no Brasil que o jejuador consumado viu cair por terra o segredo da sua fama!", publicou o jornal carioca "A Notícia" pouco tempo depois do término da exibição de Succi, afirmando que, quando deixava sua "gaiola", o italiano deixara cair de sua roupa um pedaço de carne de vaca comprimida.

Frisando que Succi causara uma "impressão sensacional" jejuando "nas primeiras cidades do mundo", a suposta descoberta da farsa logo no Brasil, um país considerado "atrasado" em relação aos grandes centros mundiais, era anunciada pelo repórter de forma que quase não escondia seu prazer em dar a notícia.

Verdade seja dita, ao longo de quase cem anos de provas de jejum realizadas em território nacional, a imprensa brasileira nunca fez muita questão de averiguar se as acusações contra artistas jejuadores tinham fundamento antes de publicá-las. Por alguma razão, o fracasso de um jejuador parece dar certa satisfação àqueles que não conseguem fazer o mesmo e se recusam a acreditar que alguém seja capaz.

Após a partida de Succi e conforme novos jejuadores iam surgindo, a arte do jejum foi lentamente se misturando ao faquirismo no Brasil, principalmente à medida que certos ingredientes eram adicionados às apresentações.

Até então, o campo de atuação artística dos faquires se limitava aos números de tortura e resistência apresentados nos palcos de circos, teatros e cinemas, como aqueles que envolviam instrumentos cortantes e perfurantes. Um dos números de resistência que mais impressionavam o público era o de Enterrado Vivo.

Em algum momento, alguém teve a ideia de unir o número de Enterrado Vivo com a arte do jejum, provavelmente justificando com o fato de que ambas as habilidades são comuns aos legítimos faquires da Índia.

Antes disso, os jejuadores ficavam expostos trajando roupas sociais, encerrados em cubículos de vidro que eram quase pequenos quartos, dispondo muitas vezes de cadeira, cama e até escrivaninha. Era assim que Succi e outros tantos se exibiam.

Em 1917, quando o artista português Júlio Villar se apresentou jejuando no Rio de Janeiro, a união dos dois gêneros artísticos foi consolidada. Villar foi sepultado em um caixão de madeira medindo quase dois metros de comprimento por cinquenta centímetros de largura e de altura, como um Enterrado Vivo, e passou oito dias jejuando diante do público pagante.

No decorrer da década seguinte, conforme a arte do jejum se popularizava no país, outros elementos iam sendo adicionados às provas, aumentando cada vez mais a proximidade dos jejuadores com os faquires.

Em 1928, a alemã Gitty, se apresentando no Rio de Janeiro, teve seu jejum anunciado como uma atração da "Índia Misteriosa" e vestia roupas orientais.

A inclusão de cobras acompanhando os artistas em tais provas, que com o tempo foi se tornando quase obrigatória, também foi decisiva para ligar os jejuadores à Índia, evocando os hindus encantadores de serpentes.

Por fim, os jejuadores passaram a se exibir deitados em camas de pregos ou cacos de vidro, o que os faquires já faziam nos palcos, mas em números de curta duração.

Foi assim que, naturalmente, o artista jejuador foi pouco a pouco sendo chamado de faquir e reconhecido como tal pela imprensa e pelo público.

Porém, conforme avançava a década de 1930, a arte do jejum quase foi extinta no Brasil, exceto por raras exibições isoladas que aconteciam aqui e ali, como uma empreendida em 1938 em Maceió pelo aventureiro Príncipe Dadiani, muito conhecido na época como suspeito do assassinato de um amigo em um navio e também por se dizer príncipe russo, embora a única certeza sobre ele era a de que se tratava de um golpista.

Foi apenas em 1947 que a arte do jejum renasceu no país, graças ao faquir Urbano, veterano que iniciara sua carreira de jejuador em 1920, em Salvador. Na ocasião, Urbano, que ainda não tinha vinte anos de idade, chegou na cidade como integrante de uma companhia de teatro de revista, mas o grupo se desfez e ele ficou sozinho e sem dinheiro. Foi quando se lembrou da exibição de Júlio Villar no Rio de Janeiro e teve a ideia de repetir o feito em Salvador, passando oito dias sem comer exposto ao público. "Por que não fazer o mesmo?", ele teria pensado ao se recordar de Júlio Villar, "Eu conheço essa arte.".

Seus conhecimentos na área teriam origem em um evento de sua adolescência. Difícil saber quais pontos dessa história são verídicos, visto que nem todos puderam ser comprovados documentalmente.
O fato é que, segundo Urbano, ele passara algum tempo internado em um seminário em Minas Gerais, o Caraça, onde conhecera um padre português, Marinho.
Realmente, consta na documentação do Caraça que Urbano passou por lá entre 1915 e 1916, sendo então expulso por "motivo grave".
Na versão de Urbano, o padre Marinho, vendo que ele não tinha vocação para a carreira religiosa, pois chegara "a cometer certos desatinos" no Caraça, resolveu levá-lo consigo para o Oriente.
Ao fim de algum tempo, o padre morrera e Urbano teria passado por alguns mosteiros na Índia, sendo que em um deles iniciara sua "disciplina interior", se submetendo semanalmente a "provas de paciência, torturas físicas e jejuns". Daí, os conhecimentos que teriam estimulado Urbano a imitar Júlio Villar em Salvador.

Após diversas exibições ao longo da década de 1920, ele parece ter se afastado do faquirismo por algum tempo, chegando inclusive a ser preso por bigamia.
Em meados dos anos 1940, ao sair da prisão, parece ter se lembrado de suas antigas habilidades, voltando a se apresentar em provas de jejum em março de 1947, em São Paulo, seguindo depois para outras capitais, como Rio de Janeiro, Curitiba e Porto Alegre, e, mais tarde, para a América Latina, percorrendo diversos países com seus jejuns durante vários anos.

Em suas provas, Urbano se exibia encerrado em uma urna de vidro que era algo entre os cubículos dos jejuadores pioneiros e os caixões de Enterrado Vivo. Sua urna ficava acima do solo, mas suas medidas eram bem menores do que as dos antigos cubículos, de forma que seu formato remetia mesmo a um caixão. Muitos anos decorreram até que Urbano trocasse o colchão confortável no qual costumava se deitar em suas provas por uma cama de pregos.

Jejuando em Porto Alegre em 1947, Urbano conheceu o gaúcho Adelino João da Silva, que - provavelmente inspirado por seu espetáculo - passou a se dedicar às provas de jejum. Adelino se tornou o faquir Silki, transformado em celebridade nacional ao bater o Recorde Mundial de Jejum em uma exibição realizada no Rio de Janeiro em 1955.

A popularidade alcançada por Silki elevou a arte do faquirismo a seu auge no Brasil.
Atraídos pelas possibilidades de fama, sucesso e dinheiro que o faquirismo parecia oferecer, dezenas de homens e mulheres imitaram Silki de Norte a Sul, dormindo sobre pregos e convivendo com cobras, ficando sem comer por períodos mais curtos e mais longos conforme os objetivos que tinham e as cidades em que realizavam suas exibições.
Entre essas pessoas, várias eram artistas de circo, teatro e rádio que, não tendo obtido destaque em suas áreas originais, resolveram se dedicar ao faquirismo.
A maior parte desses novos faquires, porém, não tinha êxito na carreira: muitos desistiam de suas provas ou eram descobertos comendo.

Ser faquir não era para qualquer um.

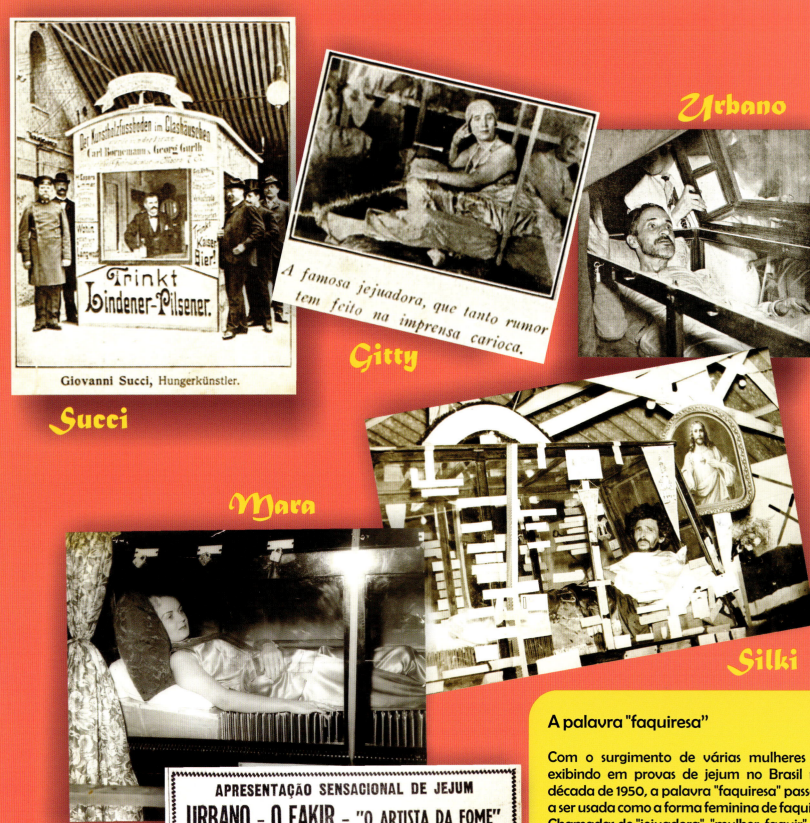

Succi — Giovanni Succi, Hungerkünstler.

Gitty — A famosa jejuadora, que tanto rumor tem feito na imprensa carioca.

Urbano

Mara

Silki

APRESENTAÇÃO SENSACIONAL DE JEJUM
URBANO – O FAKIR – "O ARTISTA DA FOME"
— SUPEROU O PROPRIO GANDI —

O grande fakir brasileiro, de fama internacional e dado como morto, volta de uma "tournée" pelas 3 Américas, reexibindo-se ao publico de São Paulo com suas assombrosas e arriscadas provas de fakirismo, agora mais sensacionais que nunca — 25 dias e 25 noites absolutamente sem comer e com a boca costurada, encerrado numa urna de vidro.

URBANO — "O artista da Fome" — e a encantadora MARA — símbolo da paciencia e resignação — apresentar-se-ão, simultaneamente, durante 25 dias e 25 noites sem comer, em jejum completo, encerrados em urnas de vidro, num desafio sem par. Um espetáculo emocionante, periodo em que Urbano estará com a boca costurada.

MARA — A FAKIREZA

Fascinante mulher que, com sua juventude, graça e encanto, permanecerá encerrada numa urna de vidro, durante 25 dias e 25 noites, em absoluto jejum, numa autentica demonstração de grande força de vontade, educação e dominio de sua mente sobre a materia.

Veja-os desde quinta-feira, dia 31, a partir das 20 hs.
AV. SÃO JOAO, 601 — PERTO DO CINE "RITZ"
Entrada Cr$ 5,00, imp. incluso
Em exibição durante o dia e à noite, ininterruptamente

A palavra "faquiresa"

Com o surgimento de várias mulheres se exibindo em provas de jejum no Brasil na década de 1950, a palavra "faquiresa" passou a ser usada como a forma feminina de faquir. Chamadas de "jejuadora", "mulher-faquir" ou apenas "a faquir" em terras brasileiras, as profissionais da área ganharam a denominação de "faquiresa" primeiramente em outras localidades da América Latina.

Uma delas, a brasileira Mara, se exibiu em diversos países latino-americanos antes de se apresentar em sua pátria. Em 1955, de volta ao Brasil, foi anunciada como "Mara, a faquiresa" em uma prova de jejum realizada em São Paulo. No mesmo ano, jejuou no Rio de Janeiro com grande projeção, o que solidificou de vez o uso do termo pela imprensa e, consequentemente, pelo público e pelas próprias "faquiresas".

Proibida pela polícia a exibição de Luz del Fuego

Luz del Fuego em Juiz de Fora

Três anos antes da aplaudida passagem de Suzy King por ali, outra encantadora de serpentes tivera uma péssima recepção em Juiz de Fora, sendo proibida de pisar no palco de um cineteatro e até barrada na entrada de uma churrascaria na qual pretendia comer.

No início de 1953, Luz del Fuego se encontrava na cidade para uma apresentação no Cine-Theatro Central quando foi avisada de que não poderia se exibir porque o Delegado de Costumes e Diversões local decidira atender o pedido de "uma comissão de católicos, tendo à frente o próprio Bispo de Juiz de Fora": para esse grupo, o show de Luz del Fuego ali provocaria "um escândalo à moral do povo, ante os seus antecedentes" e devia ser terminantemente proibido.

Recentemente impedida de se apresentar também em Belo Horizonte, Luz del Fuego deixou Juiz de Fora furiosa e declarou: "Jamais pisarei o solo mineiro!".

Deu na mídia

Luz del Fuego tem provocado seguidamente a ordem pública e atentado contra os bons costumes cristãos de nossa gente, em maior parte de suas apresentações um tanto quanto esquisitas... Dizem até que constitui juramento seu a continuidade nessa caminhada de demonstrar as tentações do corpo, embora no recesso de íntimo, exista uma tremenda luta ante a ilógica que ela mesma compreende como errado.
Aliás, tem sido assim a sua propaganda de artista.
Na dúvida, agiram bem as autoridades policiais e merece respeito a atitude da sociedade católica de nossa terra.

Coluna "Um fato em foco", assinada por C. A.
Folha Mineira, 1953

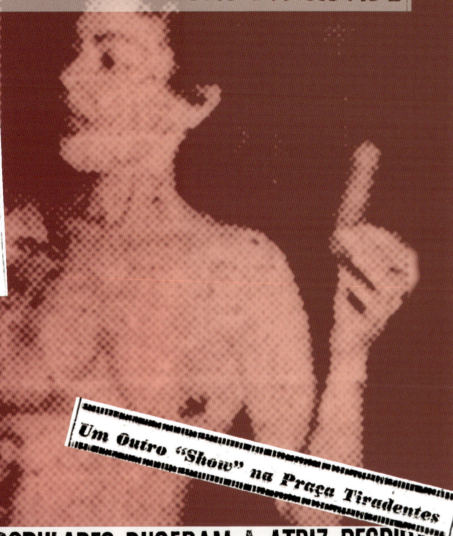

EXIBIA-SE QUASE NUA PELAS RUAS DA CIDADE

Com um estravagante biquini e a cobra enrolada no corpo a dançarina ensaiou um "show" na Praça Tiradentes — Acabou despida e mordida pela "partenaire" — Um vigilante municipal não escapou também às prêsas da cobra irritada

A COBRA MORDEU A BAILARINA

Um Outro "Show" na Praça Tiradentes

POPULARES PUSERAM A ATRIZ DESPIDA ONTEM À TARDE NA PRAÇA TIRADENTES

«PADILHA» ACABOU MORDENDO a Vedete

"Padilha" (a cobra) dá "show"
VEDETE PRÊSA E AUTUADA POR ATENTADO AO PUDOR

Corista, policia, salsicha e cobra num "show" extra
Vingança pela morte de "Café"...
... o policial que foi...

ESPETÁCULO DE NUDISMO NA PRAÇA TIRADENTES

Começou Com "Bikini" e Acabou Sem Êle:

SUSY KING DANÇOU NUA NA PRAÇA TIRADENTES!

NA PRAÇA TIRADENTES
A CORISTA DEU UM "SHOW" EXTRA COM UMA COBRA, SALSICHA E POLÍCIA

O FATO EM FOCO

Tudo bem que a Praça Tiradentes fosse o principal ponto de encontro das vedetes, coristas e girls do teatro de revista carioca, mas - às seis da tarde de uma segunda-feira, 12 de novembro de 1956 - quem passava por ali não poderia deixar de notar certa mulher que saía de um táxi.

Isso porque ela estava na rua como só se costumava ver uma garota no palco: de biquíni de nylon, meias de malha e sapatilhas de bailarina.

Ao se sentir observada pelas pessoas ao redor, a mulher assumiu uma atitude afetada para pagar o motorista - era o início do show que pretendia dar.

Ela parou na frente do Teatro João Caetano e foi tirando de uma bolsa de lona que carregava uma jiboia de dois metros e meio.

E assim mesmo, a seco, sem música para acompanhar ou qualquer palavra para explicar, passou a executar sofisticados passos de dança e uma série de piruetas com a cobra.

Não demorou muito para que uma multidão se formasse em torno da bailarina. Entre assobios e exclamações, os espectadores se empurravam e espremiam para ver melhor sua dança e admirar sua plástica.

Ao perceber que já contava com um grande público assistindo sua apresentação, a mulher interrompeu a dança e começou a falar em voz alta, usando e abusando de expressões e gestos licenciosos.

Sua história girava em torno da morte de outra serpente de sua propriedade, chamada Café Filho. Segundo ela, sua morte se dera por intoxicação após ser alimentada com uma salsicha da marca Saborosas.

A dançarina até tentara resolver o assunto de forma mais discreta, exigindo do dono da fábrica Salsichas Saborosas S/A uma indenização de dez mil cruzeiros pela perda de Café Filho. Mas ele nem sequer lhe respondera.

Também percorrera delegacias, jornais e estações de rádio na intenção de denunciá-lo. Onde contava a história, porém, era considerada louca.

Então só lhe restara aquele último recurso: protestar "de porta em porta, em todas as ruas da cidade" contra o fabricante das salsichas Saborosas.

Escandalizado com seu discurso - fartamente ilustrado com "trejeitos imorais" e palavras obscenas - um senhor que passava acompanhado por sua família iniciou uma discussão com a bailarina.

Foi a deixa para que a multidão se exaltasse e cerca de quarenta homens partissem para cima da mulher, tentando arrancar seu biquíni - violentamente rasgado em poucos segundos.

A jiboia - que se chamava Padilha - não gostou da confusão e mordeu sua própria dona na mão esquerda e no pé direito.

O FATO EM FOCO

Ferida pela cobra e pelo público, a mulher já temia que lhe acontecesse o pior quando surgiu na Praça Tiradentes um guarda municipal que se dispôs a salvá-la.

Se agarrando a ela, o policial conseguiu dispersar a multidão.

Enquanto isso, Padilha - que voltara à bolsa de lona depois de picar a dançarina - colocou de fora só a cabecinha e mordeu também o dedo polegar da mão esquerda do guarda. Assustado, o homem começou a passar mal, suando frio e vomitando.

Uma ambulância levou os três - o policial, a bailarina e a cobra - para o Hospital Municipal Souza Aguiar.

O guarda foi medicado com injeções de soro antiofídico, mas a mulher recusou o procedimento, alegando que já estava "habituada com os carinhos de Padilha".

Enrolada em um lençol para esconder sua nudez, a bailarina foi conduzida ao 10º Distrito Policial, onde foi autuada por colocar "em perigo a integridade física de terceiros" ao carregar consigo um "animal perigoso".

Somente na delegacia, ela foi identificada: era a "vedete desempregada" Suzy King.

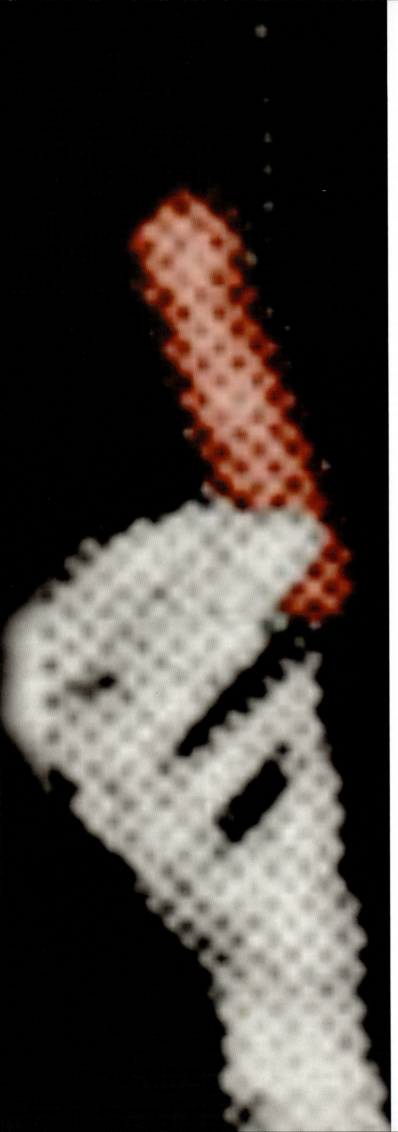

Antecedentes

Na noite do sábado anterior ao protesto de Suzy King na Praça Tiradentes, ela esteve na redação do jornal carioca "Luta Democrática" reclamando de um comerciante que lhe vendera uma salsicha por 17 cruzeiros.

"Considerava um absurdo o preço da mercadoria e insistiu para que fosse fotografada.", publicou o referido jornal depois do escândalo, "Reconhecendo que não passava de um exibicionismo, o redator de plantão não lhe deu importância.".

Na ocasião, Suzy King também foi à redação do "Correio da Manhã", levando consigo "uma salsicha de péssimo aspecto" comprada em uma mercearia situada na Avenida Nossa Senhora de Copacabana, 86.
Se apresentou como Georgina, pois - até então - não pretendia misturar suas questões domésticas com sua vida artística.

"Ao interpelar o dono da casa comercial, foi por ele destratada com palavras de baixo calão. Disse-lhe o comerciante que fosse apresentar queixa na Delegacia de Economia Popular, onde, revelou, tinha amigos que nada fariam contra ele.
A senhora aceitou o conselho; porém, ao se dirigir, naquela dependência, a um senhor que se identificou como investigador, foi igualmente destratada. O policial - segundo a reclamante - disse que o comerciante poderia cobrar o que entendesse pela salsicha, pois estavam liberados os preços daqueles artigos, e que não tomava uma providência no caso por não ter gostado dos modos da senhora..."

A nota publicada no "Correio da Manhã" depois da visita de Suzy King à redação também serviu de mote para uma crônica de Edmar Morel em sua coluna "Cidade Aberta" no "Última Hora": "As leis brasileiras protegem os envenenadores".

"O que aconteceu com Dona Georgina Pires Sampaio é um detalhe corriqueiro na vida de uma dona-de-casa. 'Cidade Aberta', recentemente, numa série de reportagens, mostrou como uma população é envenenada e nenhuma providência é tomada por parte das autoridades sanitárias - em particular, a Secretaria de Saúde da Prefeitura.
(...)
O que aconteceu com a senhora Pires Sampaio ocorre a cada instante na Capital Federal. Apenas as donas-de-casa sabem, por experiência própria, da falta de policiamento sanitário e não comparecem à polícia. No caso, todavia, o fato é grave, levando em conta que a Delegacia de Economia Popular nada fez e a senhora foi destratada."

O descaso sofrido na maior parte dos lugares em que foi se queixar motivou Suzy King a tomar as dores de Georgina e sair às ruas lutando por seus direitos.
Antes de ir à Praça Tiradentes, ela tentou protestar - também de biquíni e jiboia - em Copacabana, mas foi impedida pelas autoridades do 2º Distrito Policial.

"A alimentação das cobras estava ficando caríssima! Elas comiam coelhos e salsichas."

Deu na mídia

A vedete Suzy King esclareceu possuir uma verdadeira legião de cobras em seu poder. Só no apartamento em que reside cria cinco jiboias, tendo mais quinze sob os cuidados de sua conhecida que mora na Tijuca. Todas elas têm nomes próprios - geralmente, de personalidades de projeção nacional ou internacional. Em seu apartamento, encontram-se duas de muita importância, que foram batizadas pela vedete com os nomes de Jânio Quadros e Perón.

Diário Carioca, 1956

EXIBIA-SE QUASE NUA PELAS RUAS DA CIDADE

nos bastidores da notícia

Fazia "Campanha" Contra Uma Casa Comercial — E Com Duas Cobras Enroscadas ao Corpo Fazia Piruetas Incríveis — Um Guarda Municipal Acabou Com o Espetáculo, Mas Foi Mordido Por "Padilha", Cobra de Estimação da "Vedette"

O policial

João Ricardo Alves das Chagas Filho era o nome do guarda municipal que salvou Suzy King da multidão ensandecida na Praça Tiradentes.
Residente na Travessa Piaí, em Sepetiba, João Ricardo estava no lugar certo na hora certa - para a sorte de Suzy King e seu azar, já que acabou sendo picado pela jiboia Padilha.
De toda forma, trata-se de um raro herói do universo suzykinguiano.

"O povo da Praça Tiradentes
é muito mal-educado!
Queriam tirar as minhas
peças de nylon à força."

"Eu estava corretamente vestida.
Mas indivíduos exaltados
é que me rasgaram a roupa."

nos bastidores da notícia

Padilha: o delegado e a cobra

Enquanto o nome da cobra Café Filho é obviamente uma homenagem ao Presidente da República homônimo, a origem do nome da cobra Padilha parece bem mais hermética - mas não para quem já ouviu falar do famigerado Comissário Deraldo Padilha.

Entre outras coisas, Padilha - o delegado - foi Chefe da Seção de Repressão ao Meretrício da Delegacia de Costumes e Diversões do Rio de Janeiro.
Ocupando esse ou outros cargos, ele era o terror de mulheres, homossexuais e transgêneros, a quem perseguia das mais diversas - e cruéis - formas.
A vedete Elvira Pagã e a cantora e compositora Dora Lopes foram algumas das artistas que estiveram na mira de Padilha nos anos 1950 - a primeira o acusou de assédio e a segunda foi detida por ele ao transitar sozinha à noite por Copacabana pelo único motivo de "ser loura demais".
Anos mais tarde, já na década de 1960, a artista Jane Di Castro também seria vítima de Padilha, conforme relataria em uma postagem publicada em sua página no Facebook em 2019: "Numa noite chuvosa, saindo do Teatro Rival, maquiada e segurando uma peruca na mão, fui abordada por Padilha e seus capangas, escondidos ao lado do teatro. Me levaram para o 3º Distrito Policial e me bateram, me torturaram com cassetetes e me colocaram atrás das grades. Não conformados, de vez em quando me jogavam baldes de água fria. Ele tinha ódio de mim porque eu sempre corria muito dele e não conseguia me pegar.".

É claro que Suzy King também teve que enfrentar o Comissário Padilha muitas vezes - e domar sua xará jiboia não era nada para quem conhecia o original.

Testemunha ocular da História

O jovem repórter Ib Teixeira ainda dava seus primeiros passos na carreira jornalística quando o "Última Hora" lhe deu uma missão que se revelaria bem mais marcante do que podia parecer a princípio: ir ao apartamento de Suzy King para esclarecer a ensalsichada história do protesto na Praça Tiradentes. "Foi a primeira vez que vi uma mulher nua de perto. Fiquei muito nervoso e mal podia me concentrar enquanto ela posava com uma de suas cobras para a reportagem.", confessou Ib, quase envergonhado, em breve depoimento concedido aos Albertos por telefone quase seis décadas depois.
A imagem que tanto abalou Ib permanece cristalizada nas fotografias tiradas na ocasião: nelas, preocupada com suas poses e expressões e o controle de sua jiboia, Suzy King parece nem imaginar o que está causando no tímido foca.

Espremendo o Bagaço

"Suzi King" (a Mulher Das Cobras), Apavorada, Afirma:

"O DONO DA FÁBRICA DE SALSÍCHAS 'PEITOU' UM HOMEM PARA MATAR-ME!"

Uma semana depois do protesto na Praça Tiradentes, Suzy King ainda tentou fazer a história render mais um pouco de publicidade.
Telefonou para a redação do "Última Hora" e - "sem que proferíssemos qualquer palavra", publicou o jornal - foi logo dizendo: "O 'negócio' começou no dia 13 último, quando tornei público que uma de minhas cobras havia morrido após comer uma salsicha Saborosas. Daí por diante, minha vida tem se transformado num verdadeiro inferno! Diariamente, tenho visto ou tomado conhecimento através de amigos que um homem forte, de cor preta e bem vestido posta-se à porta de meu edifício para somente sair à noitinha.".

"Acredita a ofídica senhora que esse homem, a quem se refere com tanto medo, seja 'elemento peitado para matá-la'.
E vai mais além, afirmando que o indivíduo a vigia a cada passo. Como prova, disse-nos que, à tardinha de sábado, foi até uma mercearia, a fim de fazer compras, mas voltou amedrontada para casa, pois todos os seus passos foram seguidos pelo indivíduo. Desse dia em diante, seu estado de saúde, que já não estava muito bom, agravou-se.
Concluindo a 'rápida entrevista', explicou-nos Suzy King que se não fosse o porteiro do edifício onde ela reside, que possui ordens expressas para não dar acesso a ninguém que deseje vê-la, já estaria morta. E o que mais a aflige consiste em saber de que forma pretendem eliminá-la: será com um tiro ou uma facada?"

"...enquanto espero a morte, vou me alimentando a bolachas e chá."

ESPETACULAR FLAGRANTE DE "ULTIMA HORA":

URNA MÁGICA DAVA BOA VIDA AO "FAQUIR" DE COPACABANA

O FATO EM FOCO

A prova

O luxuoso "templo hindu" montado num terreno baldio situado em plena Avenida Nossa Senhora de Copacabana em meados de 1958 intrigava os que não sabiam - apesar da farta cobertura midiática feita pela imprensa - que um faquir colombiano se encerrara em uma urna de vidro ali dentro com o objetivo de passar 51 dias sem comer e sem beber qualquer líquido - segundo a imprensa, "desafiando assim o camelo, que pode permanecer no deserto 50 dias com o estômago completamente vazio", razão pela qual sua exibição era chamada de "prova camelo".

Alto-falantes tocavam canções orientais e apregoavam as qualidades do faquir dia e noite - o que aborrecia em demasiado os moradores dos edifícios próximos.
Indiferente ao incômodo que causava aos vizinhos, o jejuador permanecia deitado sobre quatro mil pregos na companhia de oito serpentes. Entre elas, sua preferida era a cobra María Félix, batizada com esse nome pela própria atriz homônima.

Fascinadas por aquele homem descalço, de túnica de cetim vermelho e turbante também vermelho com pedras incrustadas, barbudo e muito magro, as mulheres tinham as mais diferentes reações diante do colombiano, que já anunciara que gostaria de se casar com uma moça brasileira e torná-la faquiresa.

Príncipe Igor Ahasmahad Rubinsky era o pomposo nome do faquir colombiano de Copacabana.

Deu na mídia

Igor, solteiro e muito magro, recebe todo dia flores e perfumes de uma jovem misteriosa, que lhe propôs casamento e, certa vez, quis quebrar o vidro da urna para dar-lhe de comer. Outra moça, bonita, de blusa justa e calça comprida, vai lá sempre e queima incenso e chora.

Ontem de tarde, uma velhinha chorava muito junto à urna do faquir. Ela confessou que o acha um homem triste e magro e pensa que ele vai morrer, de repente, caso continue sem comer e sem beber.

Reza para que Igor desista de bater seu próprio recorde e superar o camelo na resistência à fome e à sede. "Antes", disse, "ele ainda ria; mas agora não tem forças nem para afastar as cobras que passeiam sobre seu corpo.".

Diário Carioca, 1958

O FATO EM FOCO

O escândalo

Duas da madrugada em Copacabana: sob uma "gritaria infernal", dezenas de pessoas rasgavam as cortinas e as fotografias do faquir no interior do "templo hindu" enquanto o mesmo era depredado. "A urna foi levantada e deixada cair no chão. Algumas das muitas serpentes que estavam na urna foram atiradas para o terreno.", contaria um jornal depois, "Tudo que antes era luxo e beleza ficou destruído.".

Tudo isso porque José Luís Stanoski, o secretário do artista, revelara aos presentes que vinha alimentando o faquir às escondidas desde o início do "jejum".

Muitas manchetes foram publicadas a respeito do caso nos dias que seguiram e cada uma contava a história diferente.

O "Diário Carioca" dizia que Igor fora flagrado "no instante preciso em que comia um grande abacaxi, enquanto, a seu lado, uma salada de alface, uma suculenta laranjada e algumas pílulas de vitamina sintética aguardavam a sua vez". Já o "Diário de Notícias" contava que Igor tinha sido pilhado quando "devorava suculento bife com fritas" e "se preparava para deleitar-se com um copo da geladíssima 'barrigudinha'".

Na versão do "Última Hora", José Luís declarara que entregava a Igor diariamente - através de um "fundo falso" na urna, que estava lacrada com vinte e quatro cadeados - "suco de abacaxi, limão, comprimidos de V-Sineral (vitamina concentrada) e alface".

Diferentes justificativas para a denúncia feita pelo empresário também foram veiculadas na mídia.

"Igor seria um invertido sexual e, percebendo, há dias, que José Luís flertava com uma linda espectadora, o chamara às falas de maneira escandalosa, em público.", publicou o "Última Hora".

O "Luta Democrática", por sua vez, tinha outra explicação: "Denunciante e acusado amam a mesma mulher" - no caso, uma manicure e cabeleireira chamada Zenaide.

De toda forma, Igor foi recolhido ao xadrez do 2º Distrito Policial e declarou aos repórteres: "Jejum de faquir é truque. São coisas da vida de um artista. Desde a meninice, vivi em palcos e picadeiros. Desde meus dez anos, o público me ajuda, me aplaude e me compreende. Nunca o público me traiu; ao contrário, nunca fui decepcionado pelo público. Só agora que um secretário, comigo conivente, resolveu me atraiçoar; e custa-me crer que alguém seja assim tão imbecil, uma vez que também participava do conhecimento dum truque artístico. Aliás, nem se poderá dizer que o que eu realizava era uma fraude. Era simplesmente um truque artístico, como há tantos em qualquer espetáculo de magia, no ilusionismo e na arte cinematográfica. É impossível - todo mundo sabe - alguém ficar durante muitos dias (ou mesmo muitas horas) sem receber qualquer alimento, mesmo líquido. Tenho dez anos de prática em tais espetáculos e, realmente, sempre tenho ficado sem comer alimento sólido. Sempre, porém, tomo líquidos, como qualquer outro artista do gênero. É o que aconteceu agora; e o público generoso, amigo de todos os artistas, não vai assistir senão com a intenção de se divertir. Sabe que, em toda exibição de ilusionista, há uma margem de truque.".

Após alguns dias preso, o colombiano foi solto, pois não havia nenhuma prova contra ele.

O secretário

"O negócio tinha sido rodeado de todas as formalidades legais. Antes de ser encerrado na urna, Igor passara a Stanoski uma procuração outorgando-lhe plenos poderes para dirigir a empresa e ficou estipulado que José Luís, como secretário-procurador, receberia 10% sobre o lucro líquido do dia. O restante seria dividido irmãmente entre o faquir e o empresário. Nessa altura, tudo eram rosas entre ambos, que residiam juntos, num quarto do apartamento 1201 da Rua Miguel Lemos, 31."

("Última Hora", 1958)

O verdadeiro motivo pelo qual José Luís Stanoski, o secretário de Igor, fez a denúncia que acabaria com sua prova nunca foi esclarecido, embora ele afirmasse: "Faço isso para livrar o meu nome e mostrar ao público a maneira pela qual ele vem sendo ilaqueado em sua boa-fé.".

Ex-funcionário da polícia gaúcha, Stanoski tinha seus vinte e cinco anos na época em que se envolveu com o faquir colombiano.
Anos depois da confusão, se destacaria por seu trabalho como decorador de uma casa especializada em papéis de parede.

Já na década de 2010, os Albertos, procurando seu paradeiro, encontraram um sobrinho dele. Inicialmente bastante desconfiado em uma conversa por telefone, o sobrinho relaxou depois que entendeu a razão da busca. Mesmo assim, desaconselhou os Albertos a continuarem, pois Stanoski - acusado de um crime - teria fugido para os Estados Unidos muitos anos antes.
Os Albertos não desistiram, é claro. Mas foi em vão - Stanoski faleceu em 2013 em Louisiana.

nos bastidores da **notícia**

Igor, ainda na urna, é assistido pelo seu secretário-procurador (e agora denunciante), José Luis. O flagrante foi tomado antes da "Hora H" — quando a reportagem constatou a fraude: o "faquir" era alimentado pelo fundo falso da urna...

"É por aqui que eu dava os alimentos" — disse ao repórter José Luis Stanosky (ao centro, de óculos), secretário-procurador do faquir espertalhão, com quem rompera relações financeiras.

O FATO EM FOCO

FAQUIREZA PIEDOSA ACOLHE O "COLEGA" DESMORALIZADO

A defesa

"Esse faquir é um bobo!", exclamou Suzy King, indignada com a atitude passiva de Igor diante da desmoralização profissional que vinha sofrendo.

Já que o colombiano não se mexia para dar a volta por cima, sua colega brasileira tomou para si esse encargo, se tornando uma espécie de advogada do jejuador diante do público e da imprensa.

A primeira coisa que Suzy King fez foi buscar Igor no 2º Distrito Policial e levá-lo para seu apartamento - "onde agora vivem os dois em companhia de trinta cobras de diversas espécies", comentaria o "Diário da Noite".

Em seguida, foi com ele às redações dos principais jornais cariocas para anunciar que provaria sua inocência.

Assumir a defesa de Igor era uma decisão mais perigosa do que Suzy King imaginava.

Além de receber várias ameaças de José Luís Stanoski por telefone, ela foi avisada de que a quadrilha do famigerado Bitinha estava "caçando" o faquir e iria "tratar de sua saúde" assim que o encontrasse.

Sem se incomodar com os riscos que corria, Suzy King protegeu Igor por um bom tempo - o que lhe rendeu grande publicidade.

Prometendo engolir uma cobra inteira caso fosse provado que o jejuador se alimentava durante a prova, ela manteve o assunto vivo na mídia o mais que pôde.

Enquanto isso, um processo a respeito da permanência de Igor no Brasil corria no Ministério da Justiça e Negócios Interiores.

Igor chegara no país declarando ser comerciário em seu pedido de permanência - que foi indeferido.

Solicitando uma reconsideração, o colombiano confessara que sua verdadeira profissão era "artista-faquir" e que antes fora "mal orientado" a mentir.

Por fim, seu pedido de permanência foi novamente indeferido: "A profissão de artista-faquir nada interessa ao Brasil.", justificava o documento expedido pela Seção de Permanência e Expulsão de Estrangeiros.

E assim terminava a aventura verde-amarela do faquir Príncipe Igor Ahasmahad Rubinsky!

Suzy King foi a única pessoa que se solidarizou com o "príncipe" Igor depois do templo hindu de Copacabana. Aí está ela fazendo a defesa do seu infortunado colega.

"ESSE FAQUIR É UM BOBO!" — A faquireza Suzy King, protetora de Igor, indignada porque seu colega de profissão não toma uma atitude severa contra os que o desmoralizaram.

Se Igor não jejuava
Suzy engulirá cobra

"Se eu não conseguir provar a inocência de Igor, engulo uma cobra inteira! Mas acho que não vou precisar comer coisa nenhuma, pois nunca perdi uma parada. Já fui processada três vezes e em todas fui absolvida."

Deu na mídia

> Suzy King, ex-corista dos teatros da Praça Tiradentes, que no momento em que foi descoberta a farsa do faquir, passava pelo local, viu naquilo uma oportunidade de voltar aos jornais, e urdiu, desde então, um plano que passa, agora, a dar os seus primeiros resultados. Dizendo-se solidária com o "faquil" (ela o chama assim), Suzy diz-se disposta a levar a questão adiante, prometendo, inclusive, que se "não conseguir provar a inocência desse homem, eu me mato. A honra ou a morte.".
>
> O Jornal, 1958

> Aproveitou a faquiresa para lançar um repto aos médicos (por que aos médicos, não explicou), afirmando que é capaz de passar trinta dias sem comer nem beber, encerrada numa urna, fiscalizada pelo repórter, e levantar-se por suas próprias forças quando a urna fosse aberta.
>
> O Globo, 1958

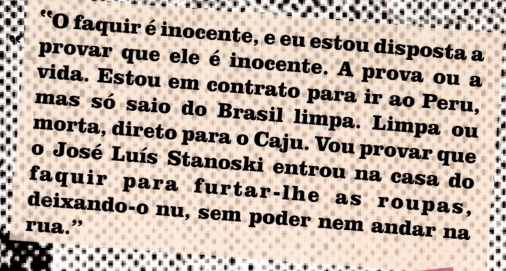

"O faquir é inocente, e eu estou disposta a provar que ele é inocente. A prova ou a vida. Estou em contrato para ir ao Peru, mas só saio do Brasil limpa. Limpa ou morta, direto para o Caju. Vou provar que o José Luís Stanoski entrou na casa do faquir para furtar-lhe as roupas, deixando-o nu, sem poder nem andar na rua."

"Se o faquir é inocente, vou defendê-lo. O José Luís é um cretino, um homem sem responsabilidade, e o detetive Oto já está atrás dele. A própria Turma da Rua Miguel Lemos já está atrás dele, para prender. A própria 'Última Hora', quando fez a reportagem, foi porque o José Luís avisou, e eu já vi dizer até que o 'furo' foi comprado por dez mil cruzeiros. Agora, o que não acredito é que um jornal possa pagar dez mil cruzeiros e se comprometer numa chantagem dessa."

"Tudo o que se disse sobre Igor é mentira daquele empresário desonesto que é José Luís Stanoski. Imaginem que nem coragem ele tem. Fica telefonando para mim e fazendo ameaças, mas duvido que ele me enfrente."

"Se defendo meu colega, é só por honra do faquirismo, pois não tenho nenhum outro interesse com respeito a ele. Estou noiva de um marinheiro do navio Missouri."

"Talvez eu me meta numa urna e fique sem comer alguns dias no Rio para provar que não faço sujeiras com meus admiradores. José Luís Stanoski já me convidou para fazer uma exibição, mas eu disse que só aceitaria se ele me pagasse Cr$ 1 milhão."

Em defesa do príncipe russo Igor Ahasmahad Rubinsky - que não é príncipe, nem russo e muito menos Igor Ahasmahad Rubinsky, tudo "pilide", como diz a Tiana dos quitutes famosos - em defesa do bem vitaminado e barbudo "faquir" colombiano - dizia-vos - recentemente surpreendido na urna quando se lhe defrontava opíparo repasto, surgiu, como sabeis, a brava senhora faquiresa Suzy King. Muito revoltada com os detratores do seu colega Igor, a senhora Suzy King lançou um perigoso desafio: se o faquir não jejuava como dizem, ela engolirá uma cobra inteira. Vede vós: uma cobra e inteira, o que faz, sem dúvida, muito exagerada a senhora Suzy King. Aqueles moços da temida e chamada Turma da Rua Miguel Lemos - que descobriram a maroteira - são de morte, minha senhora. Se aceitam o repto, vai ser muito chato uma dama em praça pública engolindo cobra. Sofreai, por quem sois, senhora, a vossa gula ofídica.

Coluna "Madrugada", assinada por Mister Eco
Diário Carioca, 1958

Suzy King - como todos nós - é jejuadora. Só que Suzy King é jejuadora profissional, ou seja, é uma faquiresa (atenção, cronistas menores, não é faquira). E como faquiresa, líder jejuadora brasileira, estando portanto agastada com essa história de que foi vítima não somente o público - que foi ludibriado - como também seu coleguinha jejuador Igor Rubinsky.

Por isso, Suzy King veio pela imprensa, dia desses, verberando contra a falsidade do secretário de Igor, um tal Zé Luís Stanoski, que até as roupas de Igor roubou. Acredita Suzy que Igor tenha sido vítima de uma farsa e está disposta a provar seu ponto de vista, prometendo: "Se não conseguir provar a farsa, eu engolirei uma cobra em público.".

Particularmente, não estamos interessados no espetáculo, mas acreditamos que muita gente vai pagar para ver Dona Suzy engolir cobra.

Coluna "De hora em hora", assinada por Stanislaw Ponte Preta
Última Hora, 1958

nos bastidores da
notícia

O faquir

Rubén Gutiérrez Ángel era o verdadeiro nome do faquir Igor, nascido na Colômbia em 1919.

Antes de sua infeliz exibição no Rio de Janeiro, Igor se apresentou jejuando com sucesso em vários países.

"Nasci na Colômbia e meus pais eram lavradores. No povoado próximo à fazenda em que vivia, passou um circo e me deliciei com os seus espetáculos. Na primeira oportunidade, saí de casa. Tinha só dez anos, mas menti ao dono do circo sobre a minha idade, e fui admitido para trabalhos auxiliares. De lá para cá, percorri o mundo inteiro. Fiz do palco e do picadeiro a minha glória, o meu sonho e muitas vezes a crua realidade do meu sofrimento.", contou o faquir Igor ao jornal "Última Hora".

Suzy King, o seu "faquir" e o repórter.

FAQUIR IGOR QUER A DEVOLUÇÃO DA SUA FERRAMENTA DE TRABALHO

Sob a tutela de Suzy King, ex-corista, ex-vedete, ex-pitonisa e ex-caricata, agora erigida em rábula, Igor Achashmahad Rubinsky pretende que lhe seja devolvida a sua urna

nos bastidores da **notícia**

A urna

Em meados de 1958, foi instalada no prédio antigo da Feira de Amostras a Exposição de Polícia, na qual o público podia ver de perto objetos ligados a casos policiais célebres.
Entre esses objetos, estava a urna de vidro usada pelo faquir Igor em seu desastroso jejum em Copacabana. Sobre a urna, estavam dispostas algumas garrafas com os alimentos líquidos que ele supostamente ingeria durante a prova.

"A urna do faquir está na Exposição de Polícia, e a urna é a ferramenta do faquir, é o material de trabalho dele. Se o faquir não entrar dentro da urna aqui no Rio, eu vou entrar, e provar que ele não é um chantagista.", declarou Suzy King a um repórter de "O Jornal" na época.

Sessenta anos mais tarde, de passagem pelo Rio de Janeiro, os Albertos estiveram no Museu da Polícia Civil do Estado em busca da urna apreendida, mas não encontraram nenhum indício de que ela tenha sido mantida no acervo da Polícia.

A urna do faquir Ugor, também está na Exposição de Polícia

A turma

Curiosamente, a Turma da Rua Miguel Lemos ficou com a fama de ter flagrado Igor se alimentando durante sua prova em Copacabana.
Citada por Suzy King como uma ameaça para Stanoski e por Mister Eco como uma ameaça para a própria Suzy King, essa turma não era tão perigosa assim.

"Ao contrário de outras turmas do Rio e de cidades estrangeiras, a turma da Miguel Lemos não está subordinada à 'juventude transviada', não anda de lambreta nem é fã do 'rock'. Os da Miguel Lemos preferem não ser chamados de 'turma', mas de 'os rapazes da Miguel Lemos', para não parecer que formam uma quadrilha no melhor estilo dos filmes."
("Manchete", 1958)

Os "rapazes da Miguel Lemos" costumavam se reunir num bar na esquina com a Avenida Nossa Senhora de Copacabana, mas também iam juntos ao cinema, à praia e outros locais.

"Diz-se que a Miguel Lemos é rua famosa porque sua gente conhece a imprensa, o rádio e a televisão. Outras versões dizem que 'os rapazes da Miguel Lemos são famosos porque representam uma juventude sadia, despretensiosa'."
("Manchete", 1958)

Quando Stanoski "denunciou" Igor, a Turma da Rua Miguel Lemos estava presente e participou ativamente da depredação do "templo hindu" do faquir.

nos bastidores da notícia

O chefe da quadrilha

Quando acolheu Igor em seu apartamento, Suzy King afirmava estar sendo constantemente ameaçada pela quadrilha do Bitinha - embora ela mesma não soubesse explicar qual o interesse do bando no caso do faquir.

Bitinha era o que a imprensa de seu tempo chamava de "gângster de favela": um homem muito perigoso - e midiático - que conquistara a fama por sua atuação no crime na favela do Jacarezinho.

"O Rio passa por mais um temporada de rebuliço policial, surgindo a cada momento um novo e terrível chefe de bando. É um processo quase mecânico. A publicidade em torno de um gera outro, e assim por diante.", publicou a revista "Manchete" na época, "A safra atual inclui, notadamente, 'Bitinha', 'Plínio Cicatriz', 'Buck Jones' e 'Zé Bananada'. As histórias que se contam a seu respeito são as mais incríveis.".

Preso ainda na juventude para cumprir penas que somavam mais de cem anos, Bitinha descobriu a música e a poesia na cadeia e se tornou o primeiro clarinetista da Orquestra Lemos de Brito.

Visto que Bitinha gozava de grande popularidade no final dos anos 1950, envolver sua quadrilha na história de Igor pode ter sido apenas mais um truque publicitário de Suzy King.

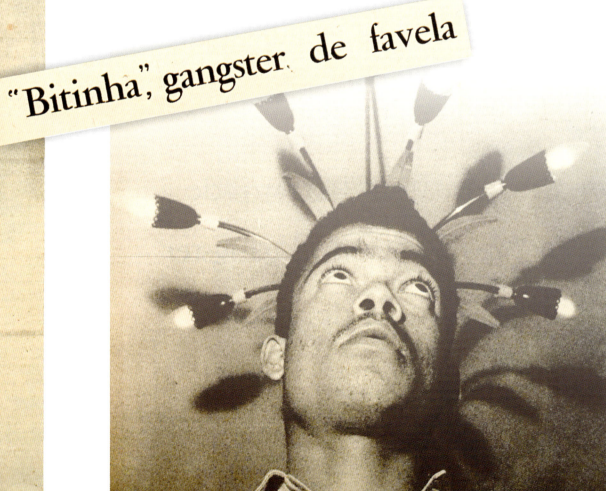

nos bastidores da notícia

Eloína

Em cada cidade onde se exibia, Igor convidava uma estrela para ser a madrinha de sua prova de jejum. No Equador, por exemplo, a escolhida foi a cantora e atriz Libertad Lamarque.
No Brasil, o primeiro nome cogitado foi o de Angelita Martinez, eleita Rainha das Vedetes em 1958.
Mas a madrinha do faquir acabou sendo a vedete Eloína, que lacrou a urna junto com o prefeito da capital carioca, Negrão de Lima.

"Senhoras e senhores, Dr. Negrão, seu faquir", discursou Eloína na cerimônia de abertura, "Não é do meu feitio encerrar ninguém dentro de coisa nenhuma, muito menos homem e muito menos ainda dentro de urna indevassável. Sou - como toda vedeta - noturna e não de urna. Mas se esse camarada aí quer ficar 51 dias dentro dessa urna indevassável junto com oito cobras, azar dele. Aprendi com Stanislaw que a gente faz aquilo que mais gosta. Por isso, nesse momento, peço a seu faquir para pular pra dentro da urna, não sem antes perguntar como é que, sendo a urna indevassável, tem um buraquinho no fundo?".

Ninguém respondeu a pergunta de Eloína. Só bem depois, quando o público já se dispersara, o prefeito explicou para ela a função do "buraquinho no fundo" da urna: "Aquele buraquinho é importante. Aquilo é o banheiro do faquir.".

Para Igor, Eloína era "a mais linda das madrinhas".

O pseudo faquir Igor quando ainda apresentava o seu faustoso uniforme e anunciava, há 23 dias, no Rio, que ia encerrar-se numa urna para um jejum de, no mínimo, dois meses. Vimos que o que pretendia era banquetear-se nas horas da noite, ou pela madrugada, burlando a vigilância do público. (Foto Meridional).

Valéria Amar

Outra vedete brasileira, Valéria Amar, conhecera Igor numa boate em Buenos Aires tempos antes, "nascendo entre ambos uma grande afeição".
Ao reencontrá-lo jejuando em Copacabana, ela declarou à imprensa que era a "madrinha do coração" do faquir e que estava "disposta a enfrentar (sozinha) um exército de mulheres" por ele. Inclusive, não pretendia deixar Eloína, a madrinha oficial, abrir a urna no dia do término da prova.

"Ele tem mais carinho comigo do que com Eloína.", justificou, "É muito puro. Eu não sei se ele vai querer casar... Ele gosta de mim misticamente. Considera-me como uma santa. Isso é o que me impressiona nele... É um homem diferente...".

Mais tarde, quando o médico responsável pela prova proibiu Igor de conversar com o público, Valéria Amar não se abalou: "Isso não é problema para nós dois. Daqui por diante, conversaremos com os olhos e com o coração...".

Valéria Amar tomou conhecimento do final da prova de Igor no Recife, onde se encontrava em cartaz.
"O que faltou ao faquir para vencer a grande prova de fome que programou no Rio foi a vitamina da minha presença.", afirmou, pesarosa.

REPETIU LADY GODIVA

NUA, A CAVALO

NA AVENIDA RIO BRANCO

O FATO EM FOCO

Aconteceu em março de 1959, numa sexta-feira 13: lá pelas quatro da tarde, surgiu em pleno centro da capital carioca uma mulher de biquíni montada em um cavalo branco.
Uma máscara escondia seu rosto e uma longa peruca loura disfarçava sua seminudez.
Um índio, de cocar e tudo, conduzia o cavalo e, um pouco à frente, também acompanhava o desfile um sujeito carregando uma placa.
"Hoje às 18 h", anunciava a tabuleta, "SUZY KING a maior faquireza do mundo! 110 dias em jejum! Av. Copacabana, 610".

Pouco antes, a amazona – já de biquíni – saíra do edifício 615 da Avenida Presidente Antônio Carlos, em cuja porta lhe aguardava um soldado do Regimento Marechal Caetano de Faria, a Cavalaria da Polícia Militar.
O soldado cumpriu sua missão: entregou o cavalo aos cuidados dela e partiu.
Ela nem hesitou – tratou logo de montar no animal e cavalgar em direção à Praça Mauá.

Ao longo do trajeto, uma multidão foi se formando ao seu redor.
Uns gostaram do espetáculo a céu aberto e demonstraram sua aprovação alegremente; outros acharam aquilo tudo um acinte e protestaram.
A mulher, do alto do cavalo, permaneceu indiferente às manifestações do povo, sorrindo e acenando igualmente para todos.
Quando chegou na Praça Mauá, percebeu que a coisa estava ficando grande demais – muita gente, muito grito, muita confusão – e deu meia-volta.
Pela Avenida Rio Branco, começou a voltar, já não tão indiferente, ao ponto de partida.

Foi na altura da Caixa de Amortização, entre a Beneditinos e a Visconde de Inhaúma, que a barra pesou.
O que se deu exatamente é difícil saber. Muitas versões correram e nenhum jornal contaria a mesma história no dia seguinte.
Aquela gente toda – que até então se limitara a reagir ao desfile com gritos e gestos à distância – partiu para o ataque.

Um roubou sua peruca, outro a parte de cima de seu biquíni e outro ainda a parte inferior.
Ela ficou completamente nua!
O índio – coitado! - até tentou protegê-la, mas foi espancado, chutado, e não teve outro jeito que não correr para salvar sua pele.

O FATO EM FOCO

Mas quem sofreu mesmo foi o cavalo, maldosamente queimado com pontas de cigarro. Assustado, ainda teve que aguentar em seu lombo o peso de um homem que não se conteve e subiu na garupa – não se sabe se para defender a amazona ou se aproveitar dela.

Finalmente, a mulher foi jogada no chão. Só teve tempo de recuperar a peruca e, tentando cobrir seu corpo com ela, correu desesperada.

Quase ninguém estava disposto a ajudar. Pelo contrário: enquanto passava correndo, dá-lhe mão boba nela todinha!

Por sorte, estava passando por ali um investigador que carregava consigo um revólver.

Penalizado com a situação da mulher, ele deu um tiro para o alto para dispersar a multidão. Das janelas dos prédios, baldes de água eram jogados com o mesmo objetivo.

Enquanto isso, um homem lhe oferecia um blusão xadrez e outro sua camisa para que ela se cobrisse.

Improvisadamente vestida, conseguiu se esconder em um jipe da Marinha que estava estacionado por ali aguardando um Almirante.

Do jipe, ela saltou para um táxi e foi direto para o 7º Distrito Policial. De pé sobre os estribos do carro, dois policiais garantiam sua segurança.

Até para entrar no prédio, precisou ser escoltada por policiais, pois um sem-número de mãos bobas aguardavam sua chegada na porta da delegacia – um bando de marmanjos ansiosos por tirar uma lasquinha mais.

Frente a frente com o Comissário Eugênio Moura, a mulher revelou quem era e por que promovera toda aquela confusão.

Ela era a própria faquiresa Suzy King anunciada na tabuleta e o único objetivo do tumultuado desfile era promover uma prova de 110 dias sem comer com a qual pretendia bater o Recorde Mundial de Jejum!

Detalhe: já estava atrasada para iniciar sua exibição, que deveria começar dentro de alguns minutos em Copacabana.

Deu na mídia

Na delegacia, depois de explicar de muitas formas como havia sido atacada, inicialmente perguntou o comissário: "Mas não vejo sinais de agressão.".
Ao que Suzy respondeu: "O senhor pensa que é sopa aguentar tanta mão boba? Nunca vi tamanho desaforo em toda a minha vida. Se a Lady Godiva sofresse tudo isso, eu só queria ver o que é que ela ia dizer.".
E como se tais observações não bastassem para explicar o rumoroso caso, Suzy perguntou ao comissário: "Onde está aquele índio maroto, vagabundo de Tarzan, que prometeu me defender? Será que ele jogou fora a minha fantasia?".
Não sabendo o que responder, disse: "Naturalmente, ele voltou para a tribo.".
Suzy alegou que havia sofrido um prejuízo de... Cr$ 35 mil, pois as pérolas de seu biquíni foram roubadas pela multidão.
"Só me restou um chinelo, seu comissário.", disse ela.

Diário Carioca, 1959

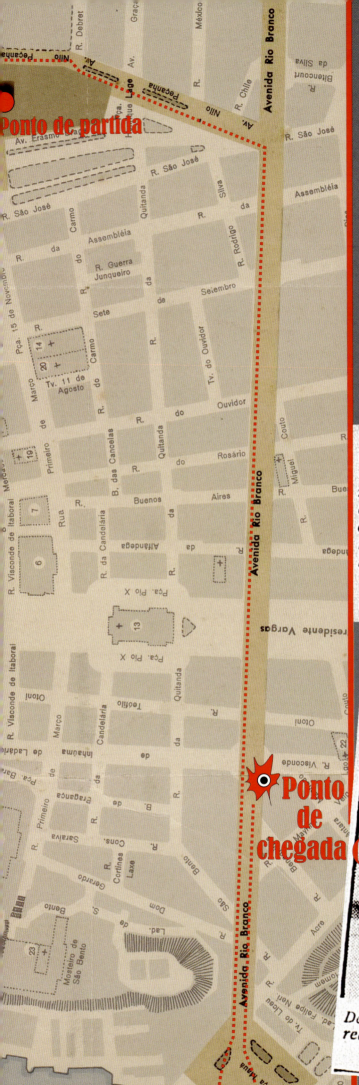

FECHOU O TRANSITO A AMAZONA SEMINUA

Uma multidão atacou na tarde de ontem a faquireza Suzy King (Lady Godiva) em frente ao prédio da Caixa de Amortização, arrancou-lhe as escassas peças que vestia, atirou-a ao chão e fêz misérias. Tudo se verificou quando Suzy King, necessitando passar 110 dias dentro de uma urna, sem comer, resolveu fazer uma propaganda inédita, juntamente com um índio chamado "Tarzan" e o cavalo tordilho da Polícia Militar, cedido pelo coronel Lauro. A "Lady Godiva" brasileira ao iniciar o desfile estava de máscara

"MÃOS BOBAS" FUNCIONARAM

Depois do susto e das provocações, Suzy King compareceu à redação do DIARIO CARIOCA, onde contou como agiram "as mãos bobas" sôbre a sua minúscula fantasia

nos bastidores da notícia

O índio

Antônio Aloysio da Costa era o nome do rap[az]
fantasiado de índio que fazia o papel de pajé
no malsucedido desfile de Suzy King a cavalo
Um jornal publicou que seu nome artístico e[ra]
Tarzan.

nos bastidores da notícia

O cavalo

Para conseguir um cavalo branco para seu desfile, Suzy King procurou o Coronel Lauro Correia, da Cavalaria.
"O Jornal" diria depois que ela usou "o nome de um cunhado militar já falecido, Major Rodolfo Lopes de Araújo" para convencê-lo a lhe emprestar um cavalo; mas, para o "Última Hora", ela simplificaria a história: "O Comandante Lauro é muito meu amigo.".

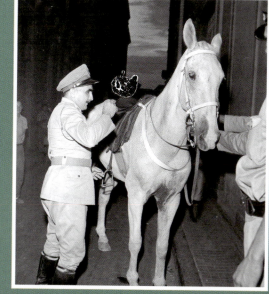

O cavalo emprestado a Suzy King não era um cavalo qualquer, mas sim um cavalo artista, que já se apresentara em público com Virgínia Lane e Aimée e também no espetáculo "É de Xurupito!", de Walter Pinto, num quadro em que desfilavam pelo palco mulheres célebres da História, entre as quais – a cavalo, claro – Lady Godiva.

Tordilho – assim se chamava o cavalo famoso que contracenou com Suzy King no maior show de sua vida.

Depois de toda a confusão na Avenida Rio Branco, o homem que carregava a tabuleta anunciando a prova de jejum – e que fugira para a Praça Mauá quando a coisa ficou preta – voltou à cena para buscar Tordilho.
Enquanto ele passava pela avenida cavalgando tranquilamente, o povo gritava em volta: "Aí, mocinho! Dá nele, Tom Mix!".

O cavalo Tordilho em cena do espetáculo "É de Xurupito!", de Walter Pinto

nos bastidores da notícia

A advogada

Na sala 302 do prédio 615 da Avenida Presidente Antônio Carlos, funcionava o escritório das advogadas Maria de Lourdes Cordeiro Vieira e Leda Maria de Albuquerque Noronha.
Foi lá que Suzy King vestiu seu biquíni antes de desfilar a cavalo – no "escritório de uma bela advogada sua amiga", diria de forma machista um jornal da época.
A amiga em questão era Maria de Lourdes, que volta e meia era notícia na mídia carioca não apenas por sua competência profissional, mas também porque apenas cerca de dez mulheres atuavam como advogadas no Rio de Janeiro nos anos 1950.

"Maria de Lourdes faz questão de frisar que, apesar de exercer uma profissão liberal, não se descuida da beleza feminina. Continua tipicamente feminina. É solteira e diz que, ainda, não pensou em se casar por não ter encontrado uma pessoa de seu gosto e tipo."
("Tribuna da Imprensa", 1955)

Maria de Lourdes faleceu em 1994 e foi impossível obter maiores informações sobre sua ligação com Suzy King.
Sua sócia Leda – já na casa dos noventa, mas gozando de excelente memória – ainda estava viva quando os Albertos iniciaram suas pesquisas.
Procurada por telefone, Leda foi bastante resistente inicialmente: "Por que vocês estão escrevendo um livro sobre essa mulher? Ela não era ninguém, não fez nada, não teve importância nenhuma!".
Embora parecesse saber bem de quem se tratava, se esquivou: "Ela era amiga da Lourdes. Eu nem estava lá nesse dia. Fiquei furiosa quando soube do ocorrido! O nome da Lourdes saiu nos jornais, o endereço do nosso escritório... E tudo tinha sido feito sem o meu consentimento.".
Negando terminantemente que Suzy King pudesse ser cliente do escritório, Leda também elucubrou sobre as circunstâncias em que a faquiresa e sua sócia teriam se conhecido: "A Lourdes era muito boêmia... Vivia na noite, frequentava as boates de Copacabana... Nós éramos sócias, mas nossos círculos de amizade eram diferentes... Eu não me dava com a mesma gente que ela... Eu era casada, a Lourdes nunca se casou... Ela... Você sabe, né?".
Não, Leda, não sabemos.

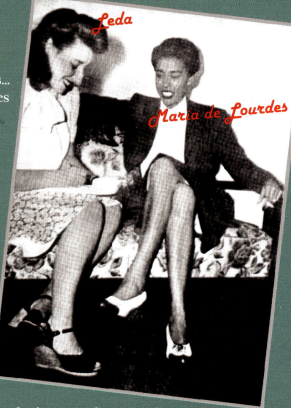

Mas Leda acabou contando que Maria de Lourdes tinha uma filha adotiva, Vitória.
Antes de localizar a filha, os Albertos falaram – também por telefone – com uma sobrinha, que não alimentou a esperança de encontrar informações sobre a amizade de Suzy e Lourdes – pelo contrário, parecia mesmo nem querer que falassem com Vitória, numa clara tentativa de "blindar" a prima:
"A minha tia não contava essas coisas para ela. Quando morreu, fomos na casa dela e jogamos fora tudo o que não tinha a ver com a família... Fotografias, papéis... A Vitória não sabe de nada disso que vocês estão procurando!".

Por fim – alguns anos depois, na verdade – os Albertos conseguiram falar com Vitória – para variar, por telefone.
Ela foi simpática e confirmou que Maria de Lourdes frequentava as rodas boêmias da Copacabana de seu tempo: "Foi até sócia do Clube da Chave!", revelou, orgulhosa.
Espécie de boate de acesso restrito, o Clube da Chave foi um dos locais onde nasceu a bossa-nova – e Maria de Lourdes foi uma das testemunhas de seu nascimento.
Sobre a amizade com Suzy King, Vitória não sabia nada.

De toda forma, no dia do incidente com o cavalo, foi para o escritório de Maria de Lourdes que Suzy King voltou, escoltada pela reportagem do "Diário Carioca", depois de se explicar para o Comissário Moura.
Afinal, sua roupa estava lá. E uma de suas raras amigas também.

Testemunha ocular da História

Aydamo Jiquiriça era um jovem soldado da Aeronáutica quando presenciou os terríveis ataques sofridos por Suzy King na ocasião de seu desfile a cavalo.
Era dele a camisa que ela usou para ir à delegacia depois de ser despida pela multidão.
Localizado pelos Albertos em 2013, Aydamo ainda se lembrava de todos os detalhes do incidente — principalmente da beleza de Suzy King.
Ele só ouviu falar dela duas vezes na vida: na ocasião e em 2013.
Mesmo assim, ainda se emocionava contando como salvara a bela Lady Godiva de seus agressores.

"Não posso compreender o povo. Na praia, uma mulher fica de biquíni sem que nada lhe aconteça..."

Inspirando a Ação

Lady Godiva

A principal inspiração para o desfile de Suzy King foi a mítica Lady Godiva.

Reza a lenda que, no século XI, a aristocrata anglo-saxã Lady Godiva, esposa do Duque da Mércia, teve pena do povo de Coventry, na Inglaterra, pelas dificuldades que enfrentavam em decorrência dos altos impostos estabelecidos por seu marido.
Depois de muita insistência, o Duque teria cedido aos seus apelos, mas com uma condição: ela deveria cavalgar nua pelas ruas de Coventry.
Lady Godiva aceitou e o Duque ordenou que todos permanecessem trancados em suas casas enquanto durasse seu desfile, pois ninguém devia vê-la nua.
Um homem desobedeceu essa ordem e foi severamente castigado: acabou cego.
Fora isso, tudo correu bem e a nobre Lady Godiva salvou o povo de Coventry da penúria em que vivia.

Um filme norte-americano chamado "O Suplício de Lady Godiva" tinha sido lançado em 1955 e a lenda gozava de especial popularidade na época – as representações da aristocrata eram muito comuns no teatro e, pelo mundo, outras mulheres fizeram desfiles parecidos com o de Suzy King no mesmo período.

Um detalhe interessante é que a versão mais conhecida da lenda faz alusão aos longos cabelos de Lady Godiva, que cobriam – em parte – seu corpo durante seu desfile altruísta.
Suzy King tinha os cabelos curtos na ocasião e fez uso de uma longa peruca loura para ficar mais parecida com a original.

Adam van Noort (1562-1641)

INSPIRANDO AÇÕES

O desfile de Suzy King serviu de inspiração para uma cena do filme brasileiro "Gordos e Magros", de Mário Carneiro, lançado em 1976.

Um dos personagens da película é Sakhan, um faquir que pretende bater o Recorde Mundial de Jejum. Em um grande desfile realizado para promover sua prova de jejum, o faquir é carregado dentro de sua urna de vidro acompanhado por uma banda e uma mulher de biquíni e peruca loura montada em um cavalo branco.

O desfecho é idêntico ao do desfile original: a mulher acaba no chão, sem peruca e despida pela multidão.

"Essas sequências com muita gente são sempre problemáticas para dirigir. Como exemplo gostaria de citar a passeata promovida pelo gordo com o magro carregado numa urna e a sua namorada montada num cavalo, seminua. Havia uma pressão muito forte por parte das pessoas que estavam na rua. A única maneira de controlar a situação foi quando me dei conta de que a música poderia exercer esse papel. Levei para lá uma banda e felizmente tudo terminou bem. Aliás, essa sequência foi inspirada num fato real que aconteceu no Rio há alguns anos.", declarou Mário Carneiro ao jornal carioca "O Globo" na época do lançamento do filme.

Pintura painel de Alberto Camarero, 2018

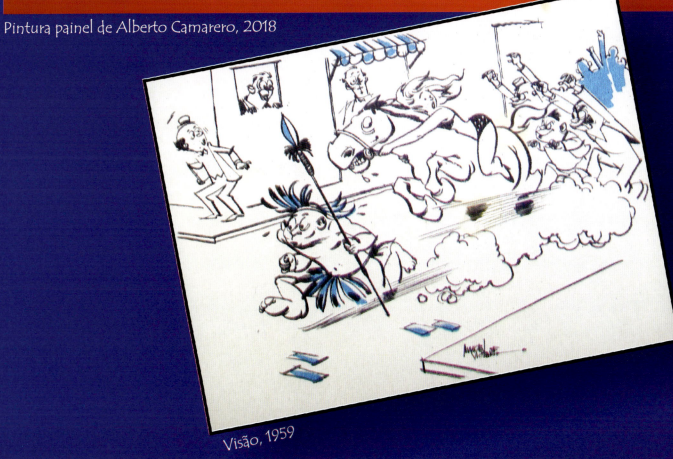

Visão, 1959

"Que bárbaros que eles foram! São todos uns tarados de primeiro grau."

Fazendo troça

Godiva "59"

Para fazer "promoção"
Suzy monta um alazão
E lá se vai, na Avenida.
Mas o povo não diz – Viva!
Diz – Morra, Lady Godiva,
Que está por demais despida!

Esse povo, que é de morte,
Abafa a Lady sem sorte,
O pouco das vestes rouba.
E a Godiva acaba o dia
Em plena Delegacia
Com "souvenirs" da mão boba.

Um conselho para Suzy:
Esse truque não mais use
No centro da zona urbana.
De outra vez, Lady Godiva,
Seja um pouquinho mais viva,
Trotando em Copacabana...

Coluna "Na boca do lobo", assinada por Álvaro Armando, Théo & Cia. – O Globo, 1959

"Eu apenas quis me despedir por algum tempo da vida agitada que se leva no centro da cidade. Estou muito sentida com a acolhida do público, que me ofendeu e maltratou."

A FAQUIRESA FUGIU DA URNA

Suzi King não cumpriu o contrato e saiu "de fininho", mas foi interceptada pelo porteiro — Mais uma vez o espetáculo terminou na Delegacia

Georgina Pires Sampaio (brasileira, branca, solteira, 30 anos, Avenida Nossa Senhora de Copacabana 80, ap. 1003), cujo nome artístico é Suzi King, armou na madrugada de ontem, mais um dos costumeiros escândalos de sua carreira, para fins publicitários. Há tempos desfilou pelas ruas do centro da cidade sumàriamente vestida, cavalgando um belo corcel da Polícia Militar, reeditando o passeio de Lady Godiva porém com um ligeiro toque nacionalista: o cavalo era conduzido por um invá-dio. Não acabou bem essa aventura pois o povo não compreendeu a promoção e avançou sôbre os desfilantes. Suzi declarou, na ocasião, que positivamente estava com azar. Parece que êle ainda a persegue pois mais uma vez as coisas não

A amiga de Su...

A Faquiresa Quebrou a Urna e ia Fugir Quando Foi Agarrada

A FAQUIREZA TEVE A URNA DANIFICADA

Jejuadora que comia todos os dias quebrou a urna e foi parar no 2.º Distri...

A FOME VENCEU A FAQUIRESA DEPOIS DE 53 DIAS NA URNA

Protestando estar ameaçada de morte pelo porteiro e cobrador de ingressos para vê-la jejuar, Susi King, a discutida faquiresa, abandonou a urna onde estava exposta, no edifício n. 610, da Avenida N. S. de Copacabana. Perante o Comissário Hernes Leite, de plantão na Delegacia do 2.º Distrito Policial, Susi King, que está jejuando há 53 dias, declarou que apesar de estar tendo prejuizo, pois paga a seis empregados 6.000 cruzeiros mensais, estava disposta a permanecer durante 110 dias encerrada na urna, cercada de suas duas cobras. Sòmente não terminou o prazo estipulado, devido as constantes ameaças que vinha recebendo do seu empregado Abilio José de Araujo. Disse ainda que o citado elemento vinha roubando a féria diaria, acusado por sua vez decla-

rou que a faquiresa estava vencida pela fome, tanto assim que por mais de vêzes quebrou a vidraça da urna, não só para receber alimentos, como também para acusar os estudantes que ali compareciam para vê-la. Visava Susi King com isso, abandonar a urna de uma maneira honrosa. As acusações eram recíprocas em vista disso o Comis Hermes Leite achou bem solicitar uma ambulância do Pôsto de Assistencia do Lido, para que a faquiresa fôsse devidamente examinada. Momentos depois chegava à Delegacia uma ambulância e Susi King foi levada para o PAL não antes de promover um "Show" extra, para os presentes. Finalmente o caso foi esclarecido. A fome venceu a faquiresa.

ERA UMA FARSA O JEJUM DA FAQUIREZA

Suzi King no Pôsto do Lido

Vereadores escolados!

Do 7.º Mandamento.

REGIME DE FOME

Georgina Pires Sampaio (conhecida, em jejum, como Suzy King, a faquiresa), depois de se haver comprometido a passar 110 dias num regime de fome, desistiu da emprêsa, fugindo da urna, em Copacabana.

Pretendia seu empresário ver Suzy bater o "record" do jejum feminino, enquanto êle bateria o da arrecadação de entradas. Aconteceu, porém, que esta história de mulher passar fome está perdendo muito cartaz. Qualquer senhora elegante, do "society", passa dias e dias sem comer, para manter a linha, e sem tirar dinheiro de ninguém, muito pelo contrário. A faquiresa dá sociedade diminui as despesas do armazém aderindo de corpo e alma à "casa sem banha". Aconselhamos, portanto, a D. Suzy que procure outra profissão. As amadoras, como em muitos outros casos, estão fazendo séria concorrência às profissionais da fome.

NA PROVA DE JEJUM USAVA "MARMELADA"

Jejum da faquireza estav engordando seus emprega...

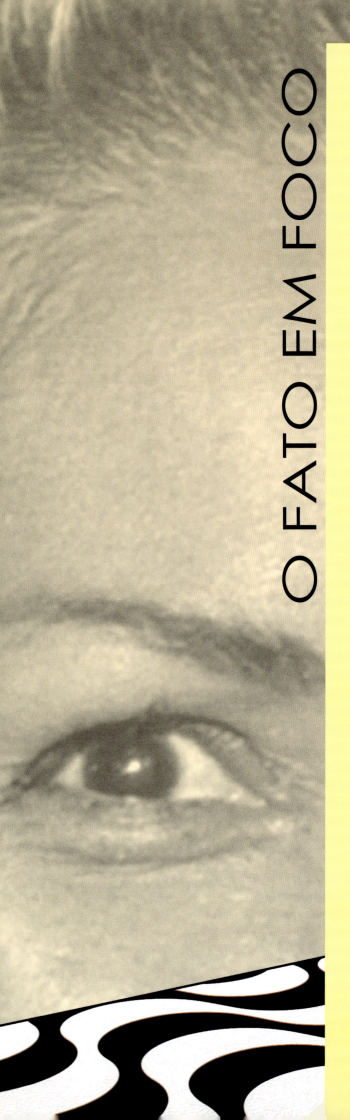

O FATO EM FOCO

A prova

Toda a confusão causada por seu desfile a cavalo não impediu que Suzy King iniciasse sua prova de faquirismo na Galeria Ritz.
110 dias sem comer bastariam para que ela batesse o Recorde Mundial de Jejum!
Um contrato assinado com a CIPA, a empresa responsável pelo condomínio da galeria, lhe concedia o uso da loja 3 para sua exibição – mediante uma porcentagem da renda da bilheteria do espetáculo.
Encerrada em uma urna de vidro construída especialmente para ela, Suzy King jejuava trajando apenas um biquíni na companhia de duas cobras.
Uma cortina impedia que o público não pagante visse a faquiresa do lado de fora da loja.

Os problemas começaram ainda na primeira quinzena da prova.
A jejuadora estava dormindo quando um forte barulho de vidro estilhaçando a despertou. Surpresa, notou que alguém atirara uma garrafa em sua urna.
Muito nervosa, Suzy King solicitou socorros médicos do Posto de Assistência do Lido e também notificou a imprensa e a polícia.
Aos repórteres, revelou que estava descontente com a falta de fiscalização da Delegacia de Costumes e Diversões e das autoridades do 2º Distrito Policial, pois "maus elementos" estavam se aproveitando da ausência da polícia para perturbar seu trabalho.
A polícia, por sua vez, ignorou seu chamado – na certa, o atentado não passava de mais um truque publicitário da artista.

Não demorou muito para que a CIPA constatasse que os ingressos para ver a faquiresa estavam sendo vendidos sem que seus respectivos talões fossem destacados, o que impedia o controle da renda para que a parte da empresa fosse devidamente paga.
O bilheteiro tirou o corpo fora: estava apenas obedecendo ordens da própria Suzy King.

Cada vez mais convencida da desonestidade da jejuadora, a CIPA designou o porteiro do edifício – o conhecido pugilista Nocaute Jack – para fiscalizar sua prova e garantir que ela não quebrasse as cláusulas do contrato.

A falta de público já começava a dar prejuízos para Suzy King, que mantinha de seu bolso alguns empregados a seu serviço, e os desentendimentos com Nocaute Jack eram frequentes.
Incapaz de se concentrar em seu jejum, ela passava seus dias arquitetando planos para abandonar a prova sem ter que pagar a multa relativa ao contrato quebrado e, ao mesmo tempo, mantendo sua reputação como faquiresa.

Finalmente, a artista convenceu sua empregada Generosa Pereira a botar fogo na cortina da loja – estudantes seriam responsabilizados pelo incêndio, que serviria de pretexto para que o espetáculo fosse interrompido.
Mas Nocaute Jack descobriu tudo e impediu a realização do plano, o que piorou ainda mais a relação dos dois.

O FATO EM FOCO

A fuga

53 dias de jejum já tinham se passado, mas Suzy King ainda não atingira nem a metade da prova.

Quase às três da manhã, um inesperado som de marteladas rompeu o silêncio da madrugada e pôs em guarda Nocaute Jack.

Observando atentamente o ambiente da galeria, ele avistou Generosa Pereira, que tentava lhe comunicar algo à distância através de sinais e caretas.

Um pouco adiante, Suzy King se esgueirava de fininho em direção à saída da galeria.

Ele a deteve e ordenou que esperasse enquanto chamava a radiopatrulha. Afinal, se ela queria mesmo abandonar a prova, tudo devia ser feito dentro da lei e com o conhecimento da CIPA.

Mas enquanto o pugilista telefonava, Suzy King correu desesperada para a Avenida Nossa Senhora de Copacabana, gritando e acenando para os táxis que passavam.

Segurando fortemente a faquiresa para que ela não lhe escapasse, Nocaute Jack explicava pacientemente a cada taxista que parava que a mulher não podia embarcar, pois devia aguardar a chegada da radiopatrulha.

E quem seria corajoso o suficiente para contestar uma afirmação do temido lutador Nocaute Jack? Os motoristas debandavam rapidamente, é claro, deixando a jejuadora entregue à sua própria sorte.

Levados ao 2º Distrito Policial, Suzy King e Nocaute Jack se acusaram mutuamente diante do Comissário Hermes Leite.

Ele afirmando que ela costumava escapar da urna quase que diariamente para comer e ela se dizendo constantemente ameaçada de morte por ele.

Durante quarenta minutos, a faquiresa gritou na delegacia.

Quando finalmente seus argumentos se esgotaram e sua voz sumiu, Suzy King se atirou no chão e teve uma crise de nervos.

Não teve outro jeito: uma ambulância do Posto de Assistência do Lido foi chamada e, após muita resistência, a artista foi recolhida e medicada.

A prova foi dada por encerrada: era o fim do sonho do Recorde Mundial de Jejum.

A galeria

Localizada no mesmo terreno onde até meados dos anos 1950 funcionou o cinema Ritz, na Avenida Nossa Senhora de Copacabana, 610, a Galeria Ritz tinha acabado de ser inaugurada quando Suzy King conseguiu a concessão para jejuar em uma de suas lojas.
Os corredores da galeria formam uma encruzilhada fêmea – ou seja, em formato de T, ideal para se fazer oferendas às entidades de Umbanda conhecidas como pombagiras.
A loja 3 – na qual Suzy King realizava sua exibição – está situada nos fundos da galeria, à esquerda de quem entra.

Exposições de artes plásticas e salões de cabeleireiro ocupavam algumas das outras lojas da Galeria Ritz na época.
Mas – ainda mais do que o jejum de Suzy King – foi uma boate lésbica que deu o que falar nos primeiros anos da galeria.

Sempre que estão no Rio de Janeiro, os Albertos fazem questão de passar pela Galeria Ritz.

Salões de beleza e lojas de perucas funcionam na maior parte dos espaços da galeria, muito frequentada por tipos suspeitos que encaram com desconfiança os visitantes desavisados que ousam entrar lá motivados por objetivos menos óbvios – historiadores, por exemplo.

Quanto ao jejum de Suzy King na loja 3, ninguém por ali ouviu falar e os Albertos encontraram apenas uma sombria loja de perucas no diminuto e claustrofóbico espaço no qual um dia se tentou bater o Recorde Mundial de Jejum.

A boate L'Étoile

Muita gente pensa que a boate Caixotinho – que também funcionava em Copacabana e pertencia à cantora e compositora Dora Lopes – foi a primeira boate lésbica do Rio de Janeiro. Mas não: a Caixotinho foi aberta apenas na segunda metade dos anos 1960 e as lésbicas cariocas já tinham seu ponto de encontro preferido antes disso.

A boate L'Étoile foi inaugurada em 1959 na loja 19 da Galeria Ritz. Com licença para funcionar como bar e charutaria (!), se tornou uma boate clandestina em pouco tempo e tinha até pista de dança, embora o tamanho da loja não passasse de pouco mais de quatro por oito metros.

Em 1960, a preferência do público lésbico pela L'Étoile já era assunto nos principais jornais cariocas: em "O Jornal", Ary Vasconcelos dizia que ali se reuniam todas as noites "admiradoras de Dany Dauberson" (cantora francesa lésbica que passara pelo Rio de Janeiro anos antes); no "Diário da Noite", Stanislaw Ponte Preta afirmava que "se um homem fichado como tal no Instituto Félix Pacheco" entrasse na L'Étoile, estaria "ameaçado de ser agredido a charutadas, porque elas" - "as mulheres que fumam charuto, andam de gravata e fazem despacho para que lhes nasça barba no queixo" - "enfiam o charuto no olho do intruso... No mínimo."; e no "Última Hora", Mister Eco contava que dois jornalistas, um teatrólogo e um ator tinham ido à L'Étoile e dois deles, observando as mulheres dançando entre si, resolveram também dançar um com o outro, mas foram impedidos por um leão-de-chácara, que avisou que "homem com homem a polícia ainda não deixa".

Frequentemente, a polícia ia à L'Étoile e prendia suas frequentadoras. A imprensa era chamada e, no dia seguinte, os jornais tiravam todas do armário, publicando a relação das lésbicas presas – com nomes completos e, muitas vezes, endereços. Em uma dessas relações, por exemplo, apareceu o nome de uma cantora da noite de certo cartaz nos anos 1960, Marizinha (como era conhecida Marize Assad Bravo), que se apresentava como cover de Rita Pavone e era muito amiga de Dora Lopes.

Embora a L'Étoile não fizesse nenhum tipo de publicidade, durou um bom tempo: funcionou até 1963, quando foi fechada depois de uma batida policial porque os vizinhos tinham denunciado que suas clientes "praticavam atos atentórios à moral" lá dentro.

Entre as inúmeras manchetes que a L'Étoile rendeu, se destaca uma publicada pelo "Diário da Noite" em 1961 - "Gelo acaba o caso de amor" - relatando que uma jovem conhecida como Pedrinho fora presa fugindo da boate depois de ter sido agredida por um rapaz com quem disputava o coração de uma moça: com um extintor de incêndio, seu rival lhe aplicara uma "ducha" de gelo líquido.

Com o rapaz não aconteceu nada, mas Pedrinho foi levada à cadeia e foi agredida pelas meretrizes com quem dividiu uma cela. "Em Copacabana, as mulheres que fazem o trottoir começam a revoltar-se abertamente contra as lésbicas que por ali transitam.", contava a reportagem, "Há ocasiões em que se submetem à prisão em troca do prazer de exemplarem publicamente alguns 'Pedrinhos' e 'Luizinhos'.".

Um detalhe curioso: quando a polícia invadia a L'Étoile, não prendia suas colegas de trabalho. Em 1963, por exemplo, quarenta mulheres estavam na boate quando a polícia chegou, mas apenas treze foram presas – entre as clientes que foram liberadas, duas eram funcionárias da Polícia Civil e as outras vinte e cinco integravam o corpo da Polícia Feminina.

A boate L'Étoile também foi escolhida como cenário de trechos de um livro da escritora Cassandra Rios, "Copacabana Posto 6".

fazendo troça

Regime de fome

Georgina Pires Sampaio (conhecida, em jejum, como Suzy King, a faquiresa), depois de se haver comprometido a passar 110 dias num regime de fome, desistiu da empresa, fugindo da urna, em Copacabana.

Pretendia seu empresário ver Suzy bater o recorde do jejum feminino, enquanto ele bateria o da arrecadação de entradas. Acontece, porém, que essa história de mulher passar fome está perdendo muito cartaz. Qualquer senhora elegante, do "society", passa dias e dias sem comer, para manter a linha, e sem tirar dinheiro de ninguém, muito pelo contrário. A faquiresa da sociedade diminui as despesas do armazém aderindo de corpo e alma à "casa sem banha". Aconselhamos, portanto, à Dona Suzy que procure outra profissão. As amadoras, como em muitos outros casos, estão fazendo séria concorrência às profissionais da fome.

Coluna "Na boca do lobo",
assinada por Álvaro Armando, Théo & Cia.
O Globo, 1959

nos bastidores da notícia

O pugilista

Abílio José da Silva, o Nocaute Jack, era um estilista de luta livre de certo cartaz nos anos 1950.

Antigo leão-de-chácara dos cabarés da Lapa, desempenhava a função de porteiro na Galeria Ritz quando foi incumbido de vigiar Suzy King para que ela não abandonasse sua prova de jejum.

Anos mais tarde, Nocaute Jack ficaria ainda mais conhecido por atuar como massagista junto à Seleção Brasileira de Futebol em sete copas do mundo, entre 1970 e 1994.

nos bastidores da notícia

A empregada

A portuguesa Generosa Pereira era uma senhora de sessenta e um anos de idade que trabalhava como empregada de Suzy King durante sua prova de jejum na Galeria Ritz.
Recém-chegada de Portugal, onde vivia em Santa Marinha de Faião, em Valença, Generosa morava no Estácio.
Era ela que estava de plantão ao lado da faquiresa na madrugada de sua fuga.

Pouco tempo depois, em 1961, Generosa faleceu, vítima de um câncer de estômago.

Ainda sem saber de sua morte, os Albertos passaram alguns anos em seu encalço.
Certa vez, passando pelo Estácio de carro, avistaram a Rua Maia Lacerda – endereço de Generosa em 1959 – e foram procurar sua casa, situada em uma vila fechada no número 161.
Como de costume, décadas depois, nenhum vizinho se lembrava da passagem da portuguesa por lá.

Detalhe: na época da prova de Suzy King, Nocaute Jack morava muito perto de Generosa, na Rua Laurindo Rabelo.

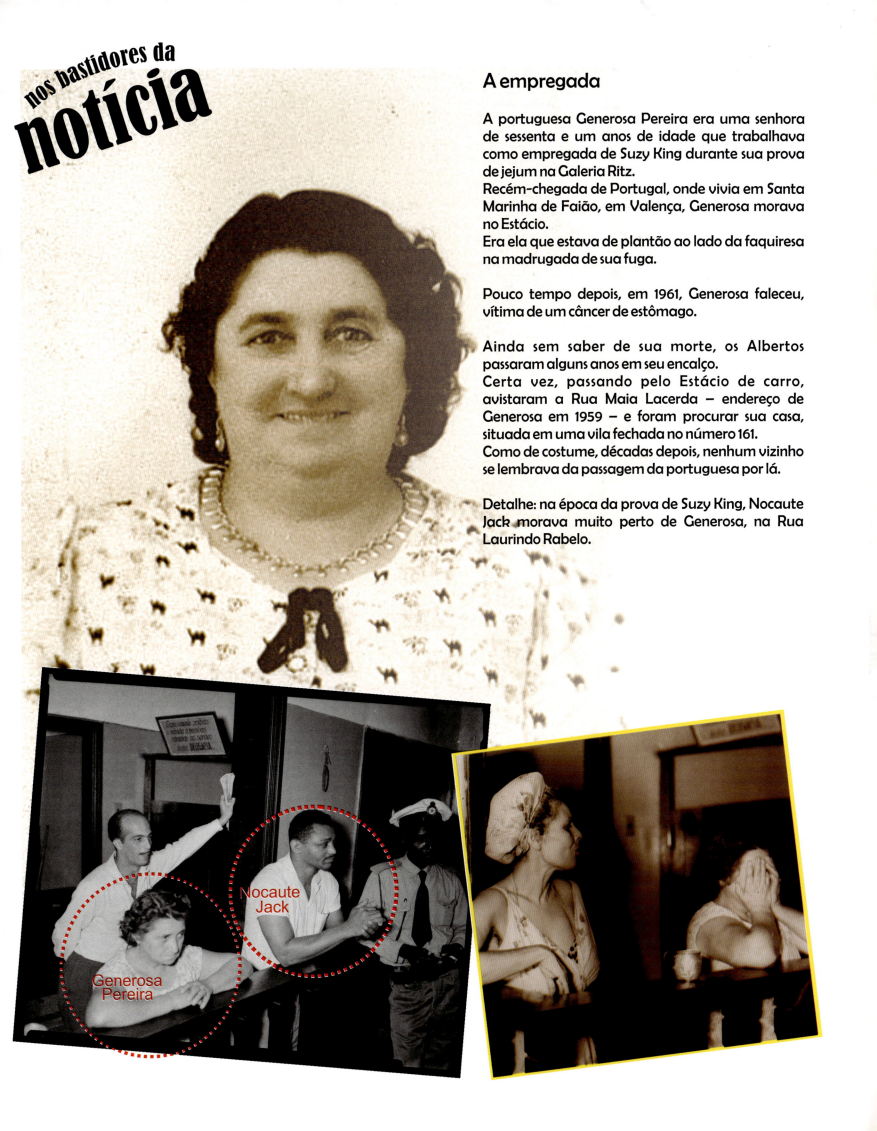

nos bastidores da notícia

A amiga

"Suzy acusou o porteiro de haver surrupiado 600 cruzeiros que havia em caixa. Mas uma amiga de Suzy que estava no local e se diz também artista (não quis revelar seu nome) disse que, no domingo, dia forte para a féria, a bilheteria não fez nem 150 cruzeiros. Não sabe explicar como poderia, numa terça-feira, haver 600 cruzeiros de férias em caixa."
("Luta Democrática", 1959)

A misteriosa amiga de Suzy King foi muito fotografada pela imprensa no 2º Distrito Policial e até mesmo uma imagem em que aparece de frente para a câmera foi publicada no jornal carioca "Luta Democrática", mas ainda assim conseguiu manter em sigilo sua identidade.
Quem era a mulher elegante, de calças compridas e salto alto, que foi acudir a amiga faquiresa em plena madrugada?
Muito se elucubrou a respeito – seu mistério, porém, permanece inviolável.

nos bastidores da notícia

A menina do leite

Em certa ocasião, uma sinistra menina entrou na loja 3 da Galeria Ritz com uma garrafa de leite, insistindo obstinadamente para que Suzy King bebesse. Diante da negativa da jejuadora, a menina se enfureceu e quebrou o vidro da urna com sua garrafa.

A polícia duvidou da história, pois os cacos da garrafa e o estilhaçamento do vidro se deram no sentido de dentro da urna para fora, o que fazia parecer que, de seu interior, a própria Suzy King atirara a garrafa.

Brasil, o Campeão da Fome

O desejo de Suzy King de bater o Recorde Mundial de Jejum não surgiu do nada: na segunda metade da década de 1950, ser campeão nessa modalidade era moda no Brasil e dava muita popularidade – positiva ou negativa – a quem tentava.

Notícias enviadas principalmente da França para a imprensa brasileira anunciavam a constante batalha entre os jejuadores estrangeiros pelo título de Campeão Mundial de Jejum.
Entre eles, se destacava o faquir Burmah, que voltava a jejuar cada vez que lhe arrebatavam o título, obcecado por reconquistá-lo e mantê-lo consigo.

Em 1955, o faquir gaúcho Silki decidiu que era a vez do Brasil bater o Recorde da Fome.
Encerrado em uma urna de vidro instalada no Cineac Trianon, no centro do Rio de Janeiro, deitado sobre uma cama de pregos e cercado por serpentes, Silki passou cem dias sem comer e venceu Burmah.

A exibição de Silki no Cineac Trianon foi amplamente noticiada em todo o Brasil e a arte do faquirismo atingiu seu auge no país.
Cidades grandes e interioranas receberam aventureiros autointitulados faquires tentando ganhar alguns trocados em provas de jejum, geralmente de vinte ou trinta dias.
Enquanto isso, nas principais metrópoles brasileiras, outros faquires veteranos entravam na disputa pelo cobiçado Recorde.

No mesmo Cineac Trianon, no início de 1956, a faquiresa paranaense Mara foi a primeira mulher brasileira a bater o Recorde Mundial de Jejum Feminino – o que também serviu de exemplo para que várias mulheres se aventurassem nessa carreira.

Fachada do antigo Cineac Trianon

SAVAG
136 dias
São Paulo - 1959

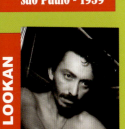

LOOKAN
134 dias
São Paulo - 1958

ZAMOR JUNIOR
125 dias
Salvador - 1956

URBANO
110 dias
Rio de Janeiro - 1955

JATHAN
101 dias
Niterói - 1955

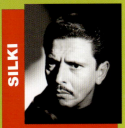

SILKI
100 dias
Rio de Janeiro - 1955

SANDRA
83 dias
Porto Alegre - 1958

MALBA
80 dias
Porto Alegre - 1958

YONE
76 dias
São Paulo - 1958

ILIANA
70 dias
Recife - 1956

MARA
67 dias
Rio de Janeiro - 1956

Além de Silki, os faquires Jathan, Urbano, Zamor Junior, Lookan e Savag se exibiram em provas que os consagraram como campeões do gênero.

Silki, porém, nunca reconheceu a validade das exibições de seus rivais, afirmando que o Recorde Mundial de Jejum tinha que ser oficializado por uma associação francesa – da qual, no Brasil, apenas ele fazia parte.

Sem comer, se apresentaram em São Paulo por 134 dias o amazonense Lookan e 136 dias o argentino Savag.

Mas Silki, em sua última prova de jejum, realizada em São Paulo em 1980 com duração de 115 dias, foi aclamado publicamente como Campeão Mundial mais uma vez.

Entre as faquiresas, depois da paranaense Mara com 67 dias no Rio de Janeiro, vieram sua conterrânea Iliana com 70 dias no Recife, a mineira Yone com 76 dias em São Paulo, a paulista Malba com 80 dias em Porto Alegre e a gaúcha Sandra com 83 dias também em Porto Alegre.

A marca de 83 dias foi alcançada por Sandra em 1958.

Portanto, quando Suzy King se propôs a passar 110 dias sem comer em 1959, ela bateria com folga o Recorde Mundial de Jejum Feminino.

Mas queria muito mais: desejava se tornar campeã absoluta de sua arte, batendo o recorde de Silki – então 107 dias em uma prova realizada em São Paulo em 1957.

A ideia que se tinha na época é que Silki era o detentor oficial do título, reconhecido pela suposta associação da França que controlava e oficializava o recorde – sendo assim, era Silki que Suzy King pretendia superar.

Geralmente chamada por Silki de Associação de Ilusionismo e Trabalhos Científicos de Paris ou Associação Internacional de Faquirismo, a associação que ele dizia ser a responsável pelo reconhecimento do Recorde Mundial de Jejum era a Association Française des Artistes Prestidigitateurs – mais tarde, Fédération Française des Artistes Prestidigitateurs – sediada em Paris e presidida na época pelo famoso médico e mágico Jules Dhotel.

ESPREMENDO O BAGAÇO

Filé "mignon" para a faquireza
"SUSIE" AFIRMA QUE FOI ESPANCADA POR POLICIAIS

Georgina Sampaio

Não vejo em meu ganha-pão nada de criminoso!

O tumultuado desfecho de sua exibição na Galeria Ritz não desanimou Suzy King: pelo contrário, ela continuou investindo em sua carreira de faquiresa e realizou outra prova de jejum em Copacabana pouco tempo depois.

Dessa vez, porém, o espetáculo terminou de forma ainda mais dolorosa para ela, embora sem tanto alarde na imprensa. Suzy King já estava jejuando há cinquenta e três dias quando investigadores do 2º Distrito Policial entraram no local da exibição acompanhados por "alguns jovens transviados" com a intenção de colocar no interior da urna da faquiresa um bife de filé mignon, "o que quebraria todo o mérito do seu trabalho".
Em seguida, sem maiores explicações, tiraram a jejuadora da urna e a conduziram para a delegacia, onde ela foi espancada e recolhida ao xadrez.

A verdade é que as autoridades do 2º Distrito Policial já perseguiam Suzy King há algum tempo - para a artista, o motivo era um processo que ela movera contra o Comissário Drumond.

Mais uma vez, com a polícia contra si, só restava a Suzy King recorrer à imprensa para denunciar as agressões.
"Até a guia que solicitou para ir a exame de corpo de delito lhe foi negada.", publicou o jornal carioca "Luta Democrática" sobre o caso.

Suzy King contra a polícia

Em um momento histórico de grande repressão social e comportamental no qual as autoridades policiais desfrutavam de plenos poderes, uma mulher como Suzy King estava constantemente na mira da polícia. Indomável, ela nunca se curvou diante dos "representantes da lei" nas inúmeras vezes em que foi abordada por "atitude suspeita" andando pelas ruas do Rio de Janeiro.
Isso lhe rendeu muitas prisões, alguns processos e, principalmente, agressões físicas e psicológicas.
Pior do que isso: nessas ocasiões, Suzy King não podia nem mesmo reivindicar seus direitos junto à polícia, visto que era a própria seu maior algoz.
A imprensa era o único recurso do qual ela dispunha para denunciar as perseguições que sofria por parte da polícia carioca.

CAMPANHA CONTRA O "TROTTOIR":
"SUZI KING" DEU "SHOW" E FOI PRÊSA POR DESACATO

Por ordem expressa do general Amauri Kruel, chefe de Polícia, as autoridades policiais deram uma "batida" em regra nos locais mais suspeitos da Zona Sul, principalmente de Copacabana, no sentido de reprimir o [...] que é feito às escâncaras em determinadas vias públicas [...] noturna.

Uma das prim[...]
vana policial foi [...]
sidente na avenida [...]
cida pelo nome [...]
nhada de uma s[...]

Logo que a[...]
se dirigiram, for[...]
a maior hostil[...]
foi logo dizen[...]
"cast" artístic[...]
e estava vind[...]
Vida Nada s[...]
sa na Avenid[...]
na da rua D[...]

O comissá[...]
chefiava a [...]
turbou com[...]
diu-lhe os [...]
zi King" [...]
dadeira f[...]
nantemen[...]
document[...]
via públ[...]
ciais co[...]

Em vis[...]
mond [...]
senão [...]
desconto.

Prosseguindo na [...]

O FATO EM FOCO

Campanha contra o trottoir
1958

Quem assistiu a violenta prisão de uma faquiresa naquela noite de quinta-feira em Copacabana não podia imaginar que a polícia estava descontando nela - inocente - seus insucessos com verdadeiros criminosos.

Tudo começou quando quatro homens assaltaram um investigador da polícia e um bicheiro em Copacabana e subiram a Ladeira do Leme disparando alguns tiros. Uma turma da Delegacia de Vigilância foi destacada para capturar os bandidos, sem êxito - apenas trocaram tiros com "indivíduos suspeitos" na Ladeira do Leme e apuraram depois que os quatro assaltantes já tinham fugido por outro caminho. Por ordem do Comissário Drumond, do 2º Distrito Policial, uma blitz foi realizada no Morro do Leme, mas nenhuma pista foi encontrada.

De volta a Copacabana, frustrado, o delegado decidiu "se vingar" realizando uma "operação de limpeza" em todo o bairro, vistoriando boates em busca de irregularidades e prendendo prostitutas. Mais tarde, essa batida policial seria amplamente noticiada como uma "campanha contra o trottoir" arquitetada pelo famigerado general Amaury Kruel.

Na Avenida Atlântica, perto da boate Bolero, a polícia encontrou Suzy King, que voltava da TV Rio para casa tranquilamente. É claro que já a conheciam, mas estavam mesmo querendo confusão e sabiam que seria fácil provocá-la. Quando o Comissário Drumond pediu para Suzy King apresentar seus documentos, ela se revoltou e se negou a atendê-lo. Uma enorme confusão se armou imediatamente e a artista foi presa e encaminhada para a Delegacia de Costumes e Diversões.

A prisão injusta de Suzy King acabou se tornando o grande trunfo da polícia naquela longa noite na qual aqueles que realmente representavam uma ameaça escaparam impunemente.

Deu na mídia

Logo que as autoridades a ela se dirigiram, foram recebidas com a maior hostilidade. Suzy King foi logo dizendo que pertencia ao cast artístico da TV Rio e estava vindo do programa "Do mundo nada se leva" ao ser presa na Avenida Atlântica.
O Comissário Drumond, que chefiava a diligência, não se perturbou com as explicações e pediu-lhe os seus documentos. Suzy King então virou uma verdadeira fera, negando-se terminantemente a mostrar os seus documentos. Deu um "show" na via pública, agredindo os policiais com palavrões impublicáveis. Em vista disso, o Comissário Drumond não teve outra alternativa senão prender a "artista" por desacato.

Diário da Noite, 1958

O FATO EM FOCO

Socos na bailarina
1952

Em certa tarde de domingo na Praça Mauá, Suzy King e seu "conhecido" Eduardo pretendiam visitar um navio atracado no Armazém 1 do Cais do Porto quando foram abordados por um guarda portuário - com quem ela já tivera uma "desinteligência antiga" - e outro indivíduo à paisana.
O guarda foi logo perguntando o que ela estava fazendo ali. Sentindo o tom de ameaça em sua fala, a reação de Suzy King foi instantânea: "Não lhe compete essa indagação!", respondeu.
Furioso com o ultraje, o portuário a empurrou escadaria abaixo enquanto seu colega agredia Eduardo.

Suzy King e Eduardo foram prestar queixa na Polícia Marítima, que os encaminhou à Polícia Portuária. Chegando lá, foram recebidos pelo próprio agressor, que já estava à espera deles.
O fiscal do dia ouviu a dupla, mas deu razão ao portuário, que - exaltado e entre impropérios - aproveitou a deixa para investir contra Suzy King novamente. Dessa vez, lhe acertando um soco que feriu seus lábios e resultou na perda de um dente do maxilar inferior.

Somente no 9º Distrito Policial, onde os atendeu o Comissário Barbosa Lima, Suzy King e Eduardo receberam a devida atenção, sendo solicitado exame de corpo de delito para comprovar as agressões.

nos bastidores da notícia

O "conhecido"

O homem que acompanhava Suzy King na Praça Mauá era o comerciário português Eduardo Alves Monteiro, então com sessenta e seis anos de idade, residente na Lapa.
Não foi possível descobrir qual era a ligação entre os dois, visto que Suzy King o apresentou para a polícia apenas como seu "conhecido".
De toda forma, vale destacar que essa foi uma das raras vezes em que ela apareceu no noticiário acompanhada por alguém. Geralmente, Suzy King andava - e aprontava - sozinha.

O FATO EM FOCO

Tudo na base do "vamos ver"
1964

Quinta-feira: dia de feira na Rua Ministro Viveiros de Castro, em Copacabana.
Por volta do meio-dia, dois homens - um deles armado com uma peixeira embrulhada em um jornal - encostam uma mulher na parede de um prédio na esquina com a Rua Duvivier e lhe roubam 70 mil cruzeiros. Ainda tentam tomar seu relógio, mas ela grita por socorro e eles fogem.
Muita gente presencia o assalto, mas ninguém tem coragem de socorrê-la e não há policiamento na feira.

Aconselhada a dar parte do ocorrido na delegacia, ela se nega a fazê-lo: já sabe que não vai adiantar nada.
Sua experiência lhe ensinou a não confiar na polícia. Em vez disso, a mulher prefere ir à redação do jornal "O Globo" relatar o assalto.

Embora se apresente na redação como a professora de dança Georgina, o repórter não demora para reconhecê-la: a mulher assaltada é Suzy King - "figura bastante conhecida nos meios policiais, pelos distúrbios que promoveu com uma cobra, que ela diz ter domesticado", publicaria "O Globo" no dia seguinte.

"Não comuniquei a ocorrência ao 12º Distrito Policial por conhecê-lo bem. Há cerca de um ano, tive meu apartamento roubado por uma empregada. Denunciei o fato à polícia e até hoje nada foi feito. Ficou tudo na base do 'vamos ver'."

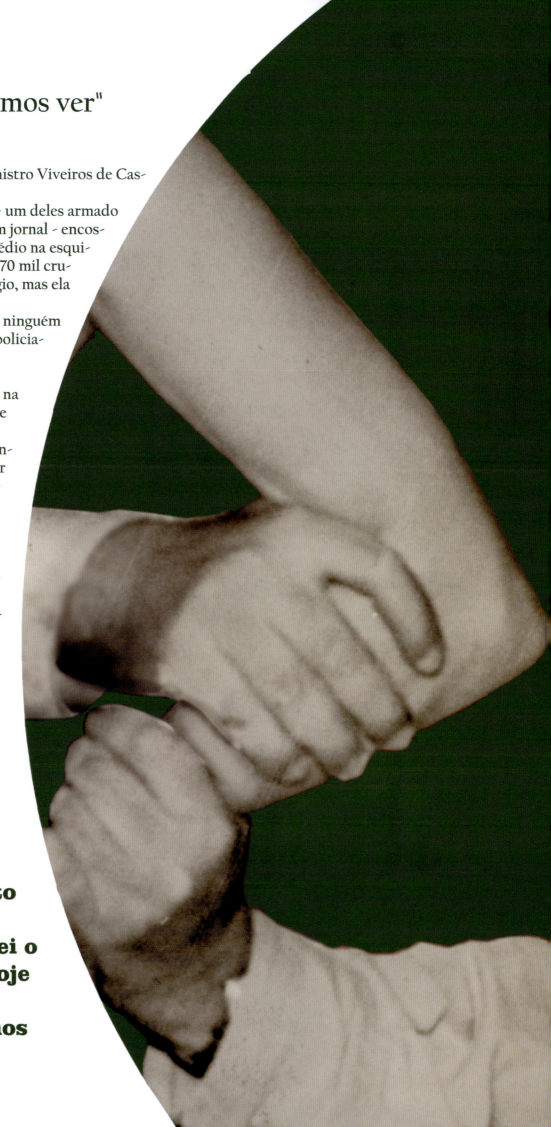

Suzy King contra a Censura

A interdição de peças teatrais escritas por mulheres por determinação do Serviço de Censura de Diversões Públicas era muito comum no período de atuação de Suzy King.
Assinar sua obra em coautoria com um homem ou usando um pseudônimo masculino eram algumas das alternativas usadas pelas dramaturgas de então para driblar o Serviço de Censura.
Suzy King não foi uma exceção entre as autoras de seu tempo: ao escrever uma peça teatral sozinha e submetê-la ao Serviço de Censura em 1958, teve que enfrentar um longo processo lutando por sua liberação - e foi derrotada.

O FATO EM FOCO

Quando submeteu uma peça teatral de sua autoria intitulada "Aluga-se um quarto" ao Serviço de Censura de Diversões Públicas do Departamento Federal de Segurança Pública, Suzy King já imaginava que seu texto sofreria algum tipo de restrição - mas não podia supor que a Censura interditasse completamente a peça, sem dar a mínima chance para que ela fosse representada, nem mesmo sob condições.

"'Aluga-se um quarto' é acintosamente obscena, imoral e sem o menor requisito para merecer a aprovação consciente do Serviço de Censura.", foi o parecer final da Comissão de Censura.

Ao receber a resposta da Censura proibindo a encenação de "Aluga-se um quarto", Suzy King foi à luta.
Com argumentação própria, impetrou um mandado de segurança contra André Carrazzoni, então Diretor do Serviço de Censura, com o objetivo de liberar sua peça.

Meses se passaram. Por fim, em junho de 1959, o juiz José Júlio Leal Fagundes - da 2º Vara da Fazenda Pública do então Distrito Federal - denegou definitivamente segurança ao mandado de Suzy King.

"Com efeito, nenhum é o direito invocado, porque a interditada 'comédia' é sem dúvida obscena e ofensiva ao decoro público.", dizia a sentença do juiz, "O ato impugnado, além de praticado em função do cumprimento do dever legal, é inspirado em sadia moralidade, que só pode merecer, como de fato merece, o apoio e o aplauso deste juízo, hostil aos atos omissos da realização das atividades afins do Estado.".

O quarto, a cobra e o transviado

Susy King, segunda edição de Luz del Fuego, impetra mandado de segurança contra o diretor da Censura

Deu na mídia

O quarto, a cobra e o transviado

A peça em questão, "Aluga-se um quarto", conta a excêntrica história vivida por um transviado que, precisando de moradia, alugou um quarto numa pensão. Ao ocupar essa dependência, encontrou uma cobra grande e grossa, pela qual passou a ter grande afeição. Tempos depois, convidado para mudar do quarto que ocupava para um melhor, o transviado se recusa, passando, então, a haver acesa discussão entre a dona da pensão e o seu inquilino.

Luta Democrática, 1958

Susi King e a cobra

Suzy King contra-ataca

É abusivo e ilegal o ato da interdição da peça porque a censura prevista no preceito constitucional vigente para espetáculos e diversões públicas não prevê a interdição de peças, pois isso importa em impedir a livre manifestação do pensamento, sendo a sua função a de restringir, para certos espetáculos, a assistência dos mesmos por menores, fixando os horários próprios, a idade mínima dos espectadores ou exigindo que conste dos anúncios ser próprio só para homens.

Censurar obras teatrais seria o mesmo que censurar jornais e revistas. Há jornais imorais, sem qualquer censura, que entram em todos os lares e ficam ao alcance dos menores e trazem notícias e fotografias que a Censura restringiria em qualquer peça teatral.

A peça "Aluga-se um quarto" é mil vezes mais decente do que a de autoria de Nelson Rodrigues, "Os Sete Gatinhos", que se acha em cartaz no Carlos Gomes e, embora combatida como de caráter altamente obsceno, não foi interditada pela Censura.

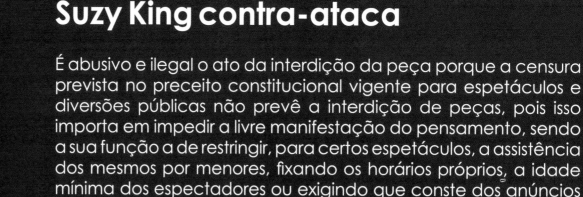

Inspirando a Ação

No Julgamento de «Os Sete Gatinhos», Pelos Estudantes, Foi Evocado o Processo Contra Flaubert
A Atriz Suzy King Impetra Mandado de Segurança, Baseando-se na Liberação da Discutida Peça

"Os Sete Gatinhos", a peça teatral de Nelson Rodrigues citada por Suzy King em sua argumentação a favor da liberação de "Aluga-se um quarto", conta a história de um pai e uma mãe que prostituem suas quatro filhas mais velhas para manter a educação da caçula - que todos acreditam ser virgem e pura e, portanto, capaz de conseguir um bom casamento que tire a família da pobreza.
Quando a garota é acusada de matar a pauladas uma gata prenhe, a família descobre que ela não é tão pura como se pensava.

"Com o lançamento de sua 'divina comédia', intitulada 'Os Sete Gatinhos', no Teatro Carlos Gomes, Nelson Rodrigues afirma sem hesitação que o teatro brasileiro sofrerá o seu maior impacto em 1958. Trata-se de um gênero inesperado e, para muitos, chocante, antecipa Nelson Rodrigues.", publicou o jornal carioca "Última Hora" no dia da estreia da peça.

Um dos atores do elenco original de "Os Sete Gatinhos", Eugenio Carlos, "frisava a cada convite": "Por favor, não levem menores. O espetáculo é proibido até dezoito anos.".

Curiosamente, a peça "Os Sete Gatinhos" obteve a autorização do Serviço de Censura de Diversões Públicas para ser encenada, embora com restrições.
Fica a dúvida: por que não "Aluga-se um quarto"?

Antecedentes

Não é de se estranhar que outro texto de Suzy King tenha sido submetido ao Serviço de Censura de Diversões Públicas sem nenhum vestígio de sua autoria em 1953.
"O bote da sucuri" ou "O bote da jiboia" era o título da peça, cuja trama girava em torno de Yara, uma linda índia das "matas selvagens do Amazonas" considerada a Deusa das Selvas. Capturada por uma tribo inimiga, Yara é lançada no "covil das cobras" - se vencer as serpentes, será reconhecida como deusa por seus raptores.
Todo o enredo é um grande pretexto para que a atriz que interprete Yara se apresente em um espetaculoso número de dança com uma serpente.
A representação desse texto "sem autoria" foi liberada pelo Serviço de Censura sem qualquer restrição.

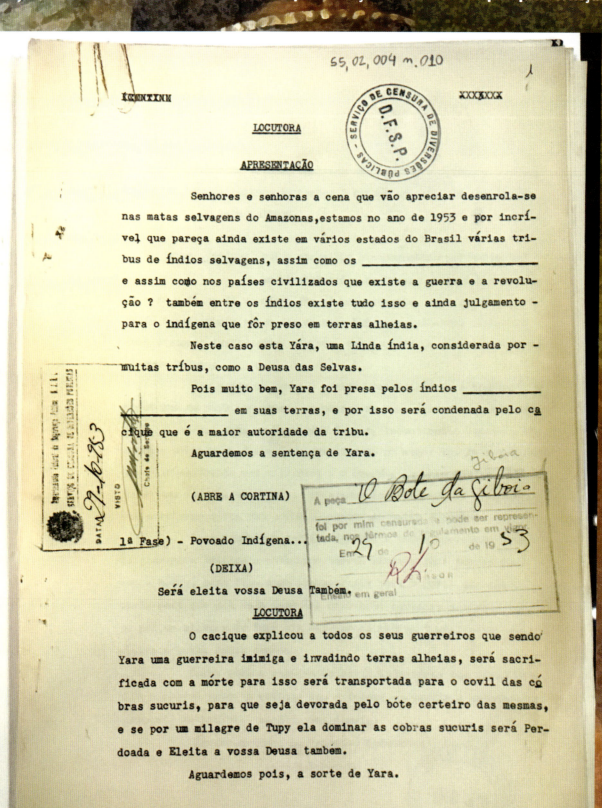

O BOTE DA SUCURÍ

1ª fase) - Cenário, Povoado Indígena com árvores e Palhoças e a por
ta da palhóça do centro 1 tambôr podendo ter uns indígenas à porta de cada palhoça.

1º indígena (Cacique) entra apressado e acompanhado por outro que -
ao receber órdem do 1º vae ao tambôr e começa
a tocar o tóque de reunir (isto é) pausadamente, como se fôsse telé
grafo incontinente surge das cochias homens e mulheres, alguns ho -
mens trazendo instrumentos típicos, que se colocam em posição de ini
ciar um batuque.

Sem perda de tempo o cacique pede silêncio e comunica a
todos que os seus guerreiros prenderam em suas terras a grande guer
reira inimiga. Yára, a Deusa das Selvas, incontinente começa o batuque e a dança em forma de marcação mais ou menos uns 16 compassos,
que é interrompida com algazarra e a chegada da prisioneira, amarra
da em uma padiola de gálhos, carregada sôbre o ombro de 2 homens,
que a colocam sôbre uma pedra ao centro do palco e fundo.

Incontinente o cacique explica a todos que sendo Yára u-
ma guerreira inimiga e invadindo terras alheias será sacrificada -
com a morte, para isso será transportada para o covil das cobras su
curis para que ela seja devoráda pelo bóte certeiro das sucuris, e
se por um milagre de Tupy ela dominar as cobras ? será perdoada e
eleita a nossa Deusa também.

Todos saem a caminho do covil das cobras com falatório -
alto e resmungando, o cacique vae à frente, a seguir a prisioneira
carregada na padiola, seguida dos demais.

(Escuro,mudança de cenário) (Locutora).

-o-o-o-o-o-o-o-

(CONTINUAÇÃO)   - 3 -

2ª Fase) - Covil das Sucuris, Mata Amazônica, algumas cobras em dois troncos de árvores em aplique-se, todos estão chegando na mesma ordem da saída, Yará é solta e levada a frente os demais formam meia lua atrás com instrumentos típicos, o cacique ordena o começo da música evocando as sucuris, começa o batuque e com um empurrão em Yara que está parada o cacique ordena que ela Dance. Contrariada ela começa a dançar, sempre tentando fugir o que não consegue dada a severa vigilância dos guardas. Depois de 32 compassos mais ou menos Yara é avisada por 3 guardas em tom de mêdo, e apontando - para o tronco aonde está a cobra.

     Yara vira-se no momento justo em que a sucuri salta-lhe em cima (COBRA FANTASIA DE MOLAS, COM UM DISPOSITIVO PARA SALTAR A HORA QUE FÔR NECESSÁRIO) num bote espetacular, sob o grito de terrôr de alguns indígenas Yara recebe a cobra sob o córte brusco da música, que em seguida começa mais alta e mais ligeira Yara desenvolve uma luta dançante com a sucuri, rola pelo chão e ao levantar já está de posse da cobra verdadeira, dá uma volta pela passarela e ao voltar ao palco domina a cobra completamente, sendo ovacionada pelos indígenas alegres, e termina o número em pé na Pedra elevando as mãos ao céu em tom de agradecimento à Deus.

               F I M

          -o-o-o-o-o-o-o-

Apoteose de "O bote da sucuri" ou "O bote da jiboia"

O cacique ordena o começo da música evocando as sucuris, começa o batuque e, com um empurrão em Yara, que está parada, o cacique ordena que ela dance. Contrariada, ela começa a dançar, sempre tentando fugir, o que não consegue dada a severa vigilância dos guardas. Depois de trinta e dois compassos mais ou menos, Yara é avisada por três guardas em tom de medo e apontando para o tronco onde está a cobra.

Yara vira-se no momento justo em que a sucuri salta-lhe em cima (cobra fantasia de molas, com um dispositivo para saltar na hora que for necessário) num bote espetacular, sob o grito de terror de alguns indígenas. Yara recebe a cobra sob o corte brusco da música, que em seguida começa mais alta e mais ligeira. Yara desenvolve uma luta dançante com a sucuri, rola pelo chão e, ao levantar, já está de posse da cobra verdadeira, dá uma volta pela passarela e ao voltar ao palco domina a cobra completamente, sendo ovacionada pelos indígenas alegres, e termina o número em pé na pedra elevando as mãos ao céu em tom de agradecimento a Deus.

Enquanto eu puder cantar...

Mesmo dedicada aos números com cobras e às provas de jejum, Suzy King nunca abandonou o canto.
A dança com serpentes podia até ser o ponto alto de suas apresentações, mas os anúncios de seus shows sempre mencionavam "seu apreciadíssimo repertório de bailados e cantos destacando-se o mambo, o maracatu, a rumba e números de nosso folclore como frevo e samba".

Conversando com os Albertos em 2018, Carlos - o filho dela - se referiu à sua intensa produção musical. Ao que tudo indica, Suzy King compôs várias canções - mas a maior parte se perdeu totalmente.

Felizmente, pelo menos duas de suas composições foram registradas em disco na voz da própria Suzy King no início dos anos 1960: as marchinhas de Carnaval "Me leva pra lua", em parceria com Guará, e "Não tenho inveja", que ela assinou como G. Sampaio.

Vale lembrar que o legítimo legado artístico deixado por Suzy King para a posteridade se resume praticamente nessas composições e suas respectivas gravações, visto que sua atuação como artista acontecia em palcos e urnas de vidro ao vivo, sem nenhum tipo de registro.
Fotografias e reportagens contam principalmente quem era a mulher por trás de Suzy King, mas - após sua morte - sua arte só pode ser verdadeiramente acessada através dessas gravações.

O resto é dedução e fantasia.

A CANÇÃO EM FOCO

A marchinha "Me leva pra lua", composição de Suzy King e Guará, foi gravada para o Carnaval de 1963 e ganhou o lado A de um 78 rotações dividido com Oswaldo Pereira - que cantava "Barbado só camarão" no lado B. O disco foi lançado pela gravadora Esse Eme.

Me leva pra lua

eu jogo, jogo, jogo no bicho
mas o bicho não quer dar
jogo na cabra e dá o burro
você viu que urucubaca?

me dá, me dá, me dá
me dá um cachorro aí
me dá, me dá, me dá
me dá um cachorro aí

um cachorrinho, uma vaquinha
uma cobrinha também não faz mal
meu Deus do céu!
que loucura

Gagarin, Gagarin
me leva pra lua
Gagarin, Gagarin
eu quero ir pra lua

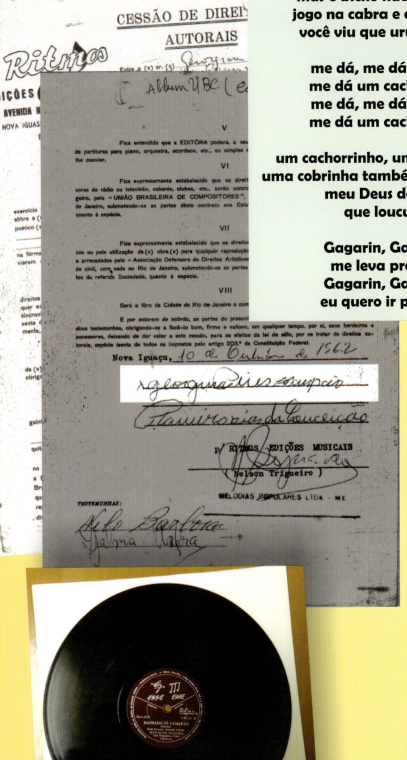

nos bastidores da canção

O parceiro

Ramiro Dias da Conceição era o nome civil de Guará, o coautor de "Me leva pra lua".

Entre as décadas de 1930 e 1960, Guará foi gravado por cantores como Aurora Miranda, Elvira Pagã, Dora Lopes, Araci Costa e J. B. de Carvalho. Seu maior sucesso foi o samba "As lágrimas rolavam" - parceria com Kid Pepe e Germano Augusto - gravado por Jaime Vogeler em 1936.
Festejado como "novo 'bacharel' da academia dos sambas, marchas e cateretês" pela imprensa carioca quando surgiu, Guará nunca saiu da obscuridade.

Além da parceria com Suzy King, Guará também teve uma composição em coautoria com Norma Ribeiro - "Jura a verdade" - lançada pela gravadora Esse Eme.

"Vindo da 'velha guarda', sem ser da 'velhíssima' que é facilmente identificável pelos experts, e até mesmo pelos simplesmente informados, não competiu com os que a formavam.
(...)
Frequentando o meio dos compositores antes do baladíssimo Café Nice, ou talvez nos primeiros dias de sua inauguração, o 'Guará' frequentava a Praça Tiradentes e suas adjacências (Café Paulista, Café Ópera) onde havia as 'rodas' dos que de fato produziam e, segundo diziam os maledicentes, também dos 'compositores'. Era, pois, um compositor pobre, sem dinheiro, buscando seguidamente vales com o tesoureiro da UBC [União Brasileira de Compositores] para o custeio da 'gororoba' ou do 'rango', na gíria de nossos dias. Teria, como lamentavelmente aconteceu, que morrer pobre, sem dinheiro.
Internado em fins de dezembro na Clínica de Repouso Campo Belo, em Jacarepaguá, ali faleceu vítima de um tumor na garganta, aos setenta e cinco anos, no dia 18 de fevereiro último. Seu sepultamento realizado no Cemitério do Pechincha, naquela mesma localidade, foi assistido apenas por poucos amigos que lhe foram levar as também poucas flores espalhadas pelo seu singelo caixão.
(...)
Pobre, ausente das 'rodas' que mantêm vivos os que as frequentam, o 'Guará' estava, de fato, esquecido, e foi no cemitério de um local denominado 'Pechinchas' que o sepultaram, com pouco choro, poucas velas e, parece, sem fita amarela (como queria seu colega Noel Rosa) ou de outra cor qualquer."

(Trechos de crônica de Jota Efegê publicada no jornal "O Globo" em 1983)

Inspirando a canção

O cosmonauta

Em 1961, o russo Iuri Alexeievitch Gagarin ficou célebre por ser o primeiro ser humano a viajar pelo espaço. A bordo da nave Vostok 1, Gagarin deu uma volta completa em órbita ao redor do planeta Terra.

Suzy King não foi a única a invocá-lo na música popular brasileira. A viagem espacial do cosmonauta soviético serviu de inspiração para vários compositores. Curiosamente, embora Gagarin não tenha chegado à lua, grande parte dessas composições faziam menção a ela.

Inspirando Ações

Em 2020, "Me leva pra lua" ganhou um novo arranjo instrumental - de tons menos carnavalescos e mais eruditos - do músico Gabriel Spindler.
Feito especialmente para o filme "A senhora que morreu no trailer", esse novo arranjo foi gravado pela clarinetista brasileira Marta Vidigal e pelo violinista norte-americano John Spindler, ambos pertencentes à Orquestra Sinfônica Municipal de São Paulo.

A CANÇÃO EM FOCO

Não tenho inveja

naturalmente
não sou mais broto
que que há?
mas ainda eu quebro galho

não tenho inveja
de nenhum broto
sou professora
e ainda posso lhe ensinar
tá?

A marchinha "Não tenho inveja", composição de Suzy King, foi gravada para o Carnaval de 1964 e ganhou o lado B de um 78 rotações dividido com Elias Fonseca - que cantava "Um palhaço não chora" no lado A. O disco foi lançado pela gravadora Esse Eme.
"Não tenho inveja" foi registrada quatro anos antes de sua gravação na editora musical Bandeirante, em São Paulo.

nos bastidores da canção

A fantasia

Inspirada pelos versos de "Não tenho inveja", Suzy King criou a fantasia Professora Bossa-Nova, com a qual foi a um desfile de vedetes realizado na piscina do Hotel Glória.

A Rainha dos Bailes do Hotel Glória do Carnaval de 1964 seria eleita naquele evento e várias artistas se candidataram ao posto.
Além da Professora Bossa-Nova, participaram do concurso Madame Butterfly (Angelita Martinez), Profundo Céu Azul (Wilza Carla), Arlequim Real (Ester Tarcitano), Tentação (Irene Macedo) e - sem fantasia - Rosângela Maldonado.

Suzy King chegou a ser fotografada pelos repórteres presentes ao lado de suas concorrentes, mas foi impedida de competir por motivos desconhecidos.

Deu na mídia

Das seis candidatas, uma, Suzy King (figura estranha e que negou declarar seu verdadeiro nome), foi desclassificada por não possuir os requisitos exigidos para concorrer ao concurso.

Tribuna da Imprensa, 1964

Coitada da Madame Butterfly

Angelita Martinez foi eleita a Rainha dos Bailes do Hotel Glória do Carnaval de 1964.

A marchinha "Coitada da Madame Butterfly" era a aposta da vedete para o Carnaval daquele ano. Incansável e fantasiada de gueixa, Angelita compareceu a todos os eventos, shows e programas de rádio e televisão que pôde para divulgar sua música e ganhar alguns cruzeiros.
Como revelou a "Revista do Rádio" na época, ela se encontrava em plena batalha judicial pela guarda da filha e precisava de muito dinheiro para investir no processo.
Com a benção da Madame Butterfly, Angelita pretendia arrecadar o valor necessário para recuperar a filha, então sob os cuidados do pai.

Mais de cinquenta anos depois, a Madame Butterfly de Angelita Martinez serviu de inspiração para um número da performer Dorothy Boom (a faceta burlesca da Dzi Croquetta Regina Müller).
Concebido pelos Albertos, o número "Haraquiri" foi apresentado em eventos como o Porto Alegre Burlesque Festival de 2018 e resgatou - de forma burlesca - não apenas a marchinha de Angelita, mas também sua fantasia, reproduzida livremente por Alberto Camarero.

Fuçando

Exemplares dos discos da Esse Eme que contêm as marchinhas "Me leva pra lua" e "Não tenho inveja" foram encontrados pelos Albertos no acervo do Museu da Imagem e do Som do Rio de Janeiro em 2012 e 2014, respectivamente.

Promovidas ao formato digital, as gravações de Suzy King ganharam a Internet e voltaram a ser ouvidas depois de cinco décadas de silêncio.

Fato curioso: em 2013, os Albertos se encontravam em Porto Alegre e caminhavam por uma rua repleta de sebos.

Aleatoriamente, entraram em um deles e foram atraídos diretamente para uma prateleira cheia de partituras musicais - algumas soltas, outras reunidas em livros.

Folheando ao acaso um volume da União Brasileira de Compositores com as partituras das principais apostas para o Carnaval de 1963, os Albertos não puderam conter sua surpresa ao encontrarem ali a partitura de "Me leva pra lua" - um inesperado presente do Universo para a dupla que relançou a marchinha de Suzy King.

nos bastidores da canção

A gravadora

A obscura gravadora Esse Eme funcionava no Rio de Janeiro, com sede na Rua Teófilo Otoni, 113, 2º andar, sala 3. Seu nome tinha origem nas letras iniciais do verdadeiro nome de sua proprietária, Sarah Monteiro.
Sarah era cantora e compositora e usava o pseudônimo Norma Ribeiro. Nascida em 1923, ganhou certa projeção no meio artístico no início da década de 1960, quando gravou alguns sambas e marchas e fundou a Esse Eme.

Dentro do panorama musical de seu tempo, a Esse Eme era apenas mais uma entre muitas pequenas gravadoras que surgiram no mesmo período em decorrência dos avanços tecnológicos que permitiam gravar discos em 78 rotações com mais facilidade e menos investimento.
O 78 rotações tinha seus dias contados no Brasil (os últimos foram fabricados em 1964) e essas gravadoras menores permitiram a artistas como Suzy King - com muitos anos de carreira e nenhum disco lançado - a realização do sonho fonográfico.

Como essas gravadoras eram muito numerosas e seus discos tinham divulgação e tiragens limitadas - caindo no esquecimento rapidamente - os pesquisadores da área têm grande dificuldade para catalogar suas discografias.

Ninguém sabe, por exemplo, quantos discos a Esse Eme lançou. E embora se tenha a certeza de que foram pelo menos dezoito - porque a existência do disco SM-018 é comprovada - apenas o conteúdo de parte deles foi oficialmente identificado e catalogado pelos especialistas.

Isso acontece porque nenhum controle dos discos lançados pela Esse Eme - e por tantas outras gravadoras do mesmo porte - sobreviveu ao tempo.

Discografia (conhecida) da Gravadora Esse Eme

SM-002
Lado A - "Abandono", samba (Norma Ribeiro - Luiz Rocha) - Norma Ribeiro e conj.
Lado B - "Meu amor", samba (Norma Ribeiro - Enedino Silva - Luiz Rocha) - Norma Ribeiro e conj.

SM-003
Lado A - "Jogado fora", samba (Sávio Barcelos - José Caldas - Valto Feitosa) - Nilcéa Magalhães e conj.
Lado B - "Me leva, meu bem", marcha (Percílio Ferreira - Enedino Silva) - Nilcéa Magalhães e conj.

SM-004
Lado A - "Esperança", bolero (Norma Ribeiro - Luiz Rocha) - Ivan de Alencar c/D'Ângelo e S/Conj.
Lado B - "Quando a saudade passar", bolero (Norma Ribeiro - René Bittencourt) - Ivan de Alencar c/D'Ângelo e S/Conj.

SM-014
Lado A - "Me leva pra lua", marcha (Suzy King - Guará) - Suzy King e conj.
Lado B - "Barbado só camarão", marcha (Sueli Ferreira - Oswaldo Pereira) - Oswaldo Pereira e conj.

SM-015
Lado A - "Não é Maria", marcha (Mário Rossi - Waldemar Ressurreição) - Anjos do Sol e conj.
Lado B - Encontrei", samba (Moacir Vieira - Enock Figueiredo) - Anjos do Sol e conj.

SM-016
Lado A - "Saudação ao Rei Momo", samba (Sebastião Jorge - Providência - Iolanda Borges) - Iolanda Borges e conj.
Lado B - "Oh! Moreninha", marcha (Sebastião Jorge - Providência - I. Rocha) - Iolanda Borges e conj.

SM-017
Lado A - "Um palhaço não chora' - Elias Fonseca
Lado B - "Não tenho inveja", marcha (G. Sampaio) - Suzy King c/orq. e coro

SM-018
Lado A - "Jura a verdade", samba (Norma Ribeiro - Guará) - Norma Ribeiro c/orq. e coro
Lado B - "Leão de chácara", marcha (Norma Ribeiro - Jonas Cordeiro) - Norma Ribeiro c/orq. e coro

Norma Ribeiro, novo valor que desponta no rádio e na TV, tem atuado em diversas emissoras. É uma estrelinha que promete e muito

Fim da linha no Brasil

As gravações de Suzy King na Esse Eme marcam os últimos passos de sua carreira artística no Brasil. O desespero de sua invocação a Gagarin para que a levasse para a lua depois de "jogar, jogar e jogar no bicho" sem nunca acertar e os versos defensivos de "Não tenho inveja" revelam sua constante luta para resistir em sua terra apresentando sua arte apesar da polícia, da Censura e dos diversos preconceitos que enfrentava diariamente.

Episódios como sua desclassificação no concurso do Hotel Glória eram desgastantes, assim como alguns problemas pessoais que ela enfrentava no mesmo período.

Além disso, o espaço para artistas como Suzy King era cada vez menor. Vedetes, cantores de rádio, bailarinas exóticas e faquires pertenciam a um país que deixava de existir aos poucos - o Brasil de um passado recente no qual o Rio de Janeiro ainda era o Distrito Federal, pré-Brasília, pré-bossa nova, pré-rock'n'roll, pré-modernidade.
Para esse novo Brasil, uma figura como Suzy King representava parte de uma cultura de "terceiro mundo" que em nada interessava para seus ideais de ascensão.

Enquanto os artistas de sua geração tentavam se renovar ou eram engolidos pelas "modernidades" que os suplantavam, Suzy King e suas serpentes traçavam seu próprio plano de sobrevivência.

Quem procura a pista de Georgina Pires Sampaio ou Suzy King depois de 1966 esbarra no mistério de seu completo desaparecimento.
O apartamento no qual ela viveu durante mais de uma década em Copacabana foi vendido em meados de 1966 e seu registro no Sindicato da Casa dos Artistas foi eliminado em dezembro do mesmo ano.
Fim da linha no Brasil - sem certidão de óbito ou qualquer indicação de seu paradeiro.

O que teria acontecido a Suzy King?

Carlos
o elo perdido de Suzy King

**Quando se perde totalmente a pista de alguém numa pesquisa biográfica, a pessoa mais próxima do pesquisado pode ser o "elo perdido" que reconduzirá o pesquisador ao seu caminho.
Alguns vínculos não podem ser desfeitos facilmente ou simplesmente esquecidos, mesmo diante de uma mudança de vida radical.**

Sabendo disso, instigados pelo mistério do paradeiro de Suzy King, os Albertos voltaram a atenção para seu filho Carlos - aparentemente, o único familiar com quem ela mantinha relação.

**Claro que não era tão simples como pode parecer: logo de cara, a dupla descobriu que Carlos também estava desaparecido - não como Suzy King, mas oficialmente.
Antes de sumir do mapa, a própria comunicara o desaparecimento do filho à imprensa carioca.**

Obstinados pelo objetivo de localizar mãe e filho, os Albertos não sossegaram enquanto não encontraram os rastros de ambos.

E tinham razão: não demorou muito para que Carlos se revelasse realmente o elo perdido de Suzy King.

Antecedentes

As primeiras manifestações do comportamento que seria diagnosticado como esquizofrenia mais tarde apareceram ainda na infância de Carlos, em 1942.

Algum tempo depois, já adolescente, ele seria internado em um hospital psiquiátrico - Dr. Eiras - pela primeira vez.
Motivo: num jantar na casa "de uma família de suas relações", Carlos sofrera um surto, quebrando pratos e jogando cadeiras.
No mesmo ano, ele voltou a ser internado após uma discussão com a mãe.

A partir de então, as internações em hospícios se tornaram cada vez mais constantes na vida de Carlos.

Apesar disso, muito inteligente nos períodos em que estava bem, ele conseguiu concluir o 3º ano ginasial e se tornou datilógrafo de profissão.

Internado em outro hospício - o Pedro II - em meados dos anos 1950, Carlos ouvia vozes, parecia "receber interceptações durante as conversas" e ria sem motivo.
Demonstrando conhecer "literatura médica a respeito da esquizofrenia", usava "palavras técnicas para se autodiagnosticar" e procurava "explicar racionalmente" suas manifestações.
Em um dos encontros que teve com um médico, repetia seguidamente: "Inimigos: feliz dos que sabem que têm.".

Segundo um prontuário dessa época, Carlos foi tratado com eletrochoques.
A esse prontuário, estão anexadas várias cartas que ele escrevia para a direção da instituição pedindo para deixar o local, pois tinha "compromissos importantes" fora dali.

Suzy King - descrita no mesmo prontuário como uma mulher "nervosa" - nunca deixou de lutar pelos direitos de Carlos como paciente.
Em algumas ocasiões nas quais ele foi transferido de um hospício para outro - "com sérios prejuízos a seu tratamento" - ela procurou as autoridades e a imprensa na tentativa de reverter a situação.

Ela sabia que em algumas instituições - como a Colônia Juliano Moreira - não se buscava a "cura" do paciente; pelo contrário, quem ia parar lá estava sujeito a uma internação perpétua.

Por isso mesmo, Suzy King chegou até a solicitar diretamente ao então Presidente da República Café Filho que impedisse uma dessas transferências de instituição.

Quando não estava internado, Carlos desaparecia de casa com certa frequência - nesses períodos, vivia nas ruas, como mendigo.
Em algumas ocasiões, Suzy King publicou anúncios nos jornais cariocas pedindo notícias dele.
Isso sempre deu certo - até 1962...

Desaparecido

Carlos estava prestes a completar trinta anos de idade quando desapareceu mais uma vez, em meados de 1962.

Como sempre fazia, Suzy King tentou localizá-lo com a ajuda da imprensa, chegando até mesmo a oferecer uma boa recompensa - 50 mil cruzeiros - pela informação de seu paradeiro.
Nessas notas publicadas nos jornais, ela nunca falava dele como seu filho. Era sempre a irmã ou a tia em busca do irmão ou sobrinho desaparecido.

Suzy King jamais reencontrou Carlos.

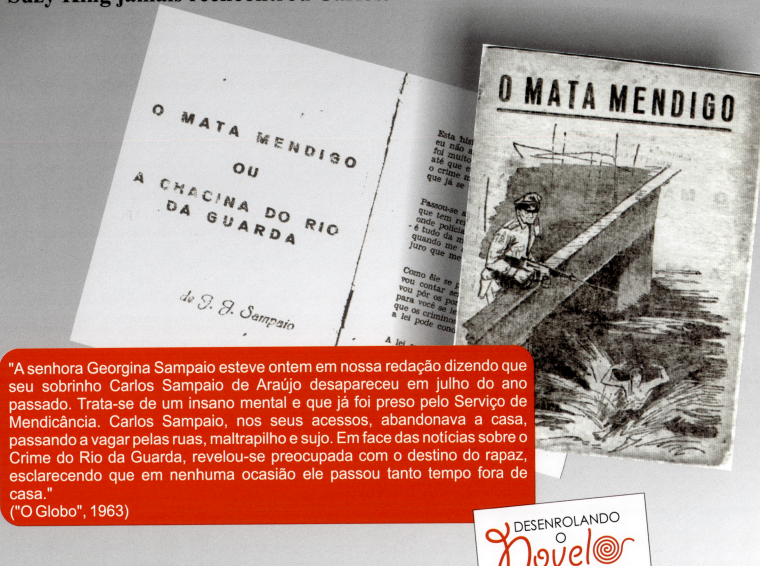

"A senhora Georgina Sampaio esteve ontem em nossa redação dizendo que seu sobrinho Carlos Sampaio de Araújo desapareceu em julho do ano passado. Trata-se de um insano mental e que já foi preso pelo Serviço de Mendicância. Carlos Sampaio, nos seus acessos, abandonava a casa, passando a vagar pelas ruas, maltrapilho e sujo. Em face das notícias sobre o Crime do Rio da Guarda, revelou-se preocupada com o destino do rapaz, esclarecendo que em nenhuma ocasião ele passou tanto tempo fora de casa."
("O Globo", 1963)

O Crime do Rio da Guarda

No início de 1963, um escândalo abalou o Rio de Janeiro: incumbido de levar mendigos recolhidos pelo Serviço de Mendicância para fora da cidade, um policial decidira matá-los lançando-os no Rio da Guarda.
Com o apoio dos colegas que estavam com ele, colocou em prática seus terríveis planos.

Cinco mendigos foram mortos na ocasião.
Mas uma sexta vítima - uma mulher - conseguiu sobreviver e tudo veio à tona.

José Mota - o maligno policial - foi descoberto e declarou que resolvera assassiná-los "por julgá-los bêbedos e loucos imprestáveis".

O Crime do Rio da Guarda serviu de inspiração para o livro de cordel "O Mata Mendigo", assinado por J. J. Sampaio.

ACHADOS E PERDIDOS

ARY SUED perdeu seguintes documentos: Carteira Ident. M. Aeronáutica nº 9716 — Carteira de Inspetor de Aviação Civil — Carteira Nacional de Habilitação — Documentos do carro Volkswagen 72 placa SP BZ-9283 — CPF — Cartão de saúde e Cartão do Credicard. Favor comunicar tel. 229-7681.

ENCONTRA-SE extraviada a 3ª via do CGC nº 33.569.898/001 da firma Impar S/A Propaganda e Planejamento, com sede à Rua Alcindo Guanabara nº 25 — 6º.

EXTRAVIOU-SE A PLAQUETA de identificação do auto marca Volks, ano 1964, motor nº B207520, chassi nº B414B106, placa nº EG-8441 GB.

EXTRAVIOU-SE dia 5/1/74, em Rezende (Penedo) Est. do Rio, bolsa "Capanga", c/ doc. de Luciano Cruz de Oliveira, incl. cart. do C.R.Q. 3a. Região nº 9561. Inf. Rio, tel.: 227-4054 ou Rezende, portaria da I.Q.R. Gratifica-se.

FRANCISCO ALVES VIEIRA — Perdeu 500 ações preferenciais classe A título 000 882 de 500 ações de nºs. 1 863 a 186965 da Ciquine Companhia Petroquímica.

GRATIFICA-SE muito bem a quem trazer ou mandar trazer vários filmes de retratos de casamento dos filhos, perdidos na Rua Carlos da Rocha Faria nº 24 na noite de quarta-feira. Favor mandar neste mesmo endereço para boa gratificação. 246-9798.

PESSOAS PERDIDAS — CARLOS SAMPAIO ARAÚJO. Pede-se a quem souber o seu paradeiro, que se comunique com a Sra. Jacui Japura Bailey em 568 Palomar St. 13 St. Sp. Chulavista, Califórnia, USA ou telefonar por favor para 245-3846 nesta.

PERDEU-SE no trajeto da Pça. José de Alencar até à R. Humberto de Campos no Leblon, 1 pasta com documentos, onde havia notas promissórias emitidas p/ firma VEIGA URJAIS

O elo perdido

"PESSOAS PERDIDAS - CARLOS SAMPAIO ARAÚJO. Pede-se a quem souber o seu paradeiro que se comunique com a Sra. Jacui Japura Bailey em 568 Palomar St. 13 Sp., Chula

Uma nota publicada na coluna "Achados e perdidos" do "Jornal do Brasil" na edição de 12 de janeiro de 1974 foi a chave para que os Albertos solucionassem o mistério do desaparecimento de Suzy King.

Afinal, quem poderia ser a tal "Sra. Jacui Japura Bailey" interessada em encontrar Carlos quando sua própria mãe parecia já ter desistido da busca?

DESAPARECIDO

Carlos Sampaio de Araújo escreva urgente para sua irmã no seguinte endereço: Jackie J. S. Bailey, 568 Palomar Street, SP, 20 Chula Vista, California, EUA, telefone 426-... para a Editoria de ... O GLOBO, 2... Ramal 4. O pedido c...os por carta de Jackie que se encontra enferma e impedida de vir ao Brasil, conforme pretendia, para contato imediato.

Desaparecido

A Sra. Georgina Sampaio, residente na Avenida Copacabana, 80, ap. 1 003, estêve, ontem, em nossa redação, dizendo que sobrinho Carlos Sampaio de Araújo (26 anos, solteiro), desa... Trata-se de um insano me... receu em julho do ano passado. Carlos Samp... e que já foi prêso pelo Serviço de Mendicância, nos acessos, abandonava a casa, passando a vagar p... ruas, maltrapilho e sujo. Em face das notícias sôbre o crime rio da Guarda, revelou-se preocupada com o destino do ra... esclarecendo que em nenhuma outra ocasião êle passou t... tempo fora de casa.

● **50 MIL PELO IRMÃO** — Dona Georgina procura seu irmão Carlos Sampaio Araújo, vítima de doença nervosa, teme que tenha sido confundido com mendigos. A informação sôbre seu paradeiro, pelo telefone 37-7961, vale 50 mil.

...ecido, desde o dia 3 de outubro, de sua residência à Avenida Nossa Senhora de Copacabana, 80, apto. 1003, Carlos Sampaio de Araújo, de 20 anos, e que na ocasião trajava calça prêta, camisa e paletó es... Carlos Sampaio tem 1,80 de altura. Qualquer infor... pode ser dada no ende... acima ou pelo tel. 37-796...

Desaparecido

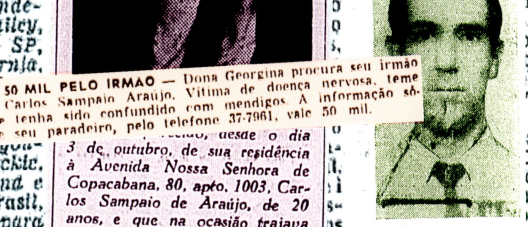

Carlos Sampaio de Araújo, (foto), está desaparecido de ...residência, na Avenida...

...UER NOTÍCIAS DO ...RMÃO DESAPARECIDO

A artista Suzi... moradora na av. N. S. de Copacabana, 80, apt. 1.003, deseja saber o paradeiro do seu irmão Carlos Sampaio de Araújo (foto), de 30 anos, que está desaparecido, desde de junho do ano passado. Qualquer notícia do rapa... poderá ser comunicada pelo telef... nº 37-7961, pelo que o comunicante receberá uma gratificação.

ACHADOS E PERDIDOS

ARY SUED perdeu seguintes documentos: Carteira Ident...

Luciano Cruz de Oliveira, in... cart. do C.R.Q. 3a. Regi... nº 9561. Inf. Rio, tel... 227-4054 ou Resende, portador da I.Q.R. Gratifica-se...

FRANCISCO ALVES VIEIRA — Perdeu 500 ações preferenciais Cláusula A titulo 000 862 de 5... ações de nºs. 1 863 a 1 86... da Ulquimi Companhia Petroquímica.

GRATIFICA-SE muito bem a quem trazer ou mandar bus... ser vários filmes de retra... de casamento dos filhos, per... dos na Rua Carlos da Ro... Faria nº 24 na noite de qu... ta-feira. Favor mandar mesmo endereço para boa ...tificação. 246-9798.

PESSOAS PERDIDAS — CARL... SAMPAIO ARAÚJO. Ped... a quem souber de seu para... ro, que se comunique com Sra. Jacki Japure Bailey, 568 Palomar St. 13 St... Chulavista, Califórnia, U... ou telefone por favor 245-3846 nesta.

PERDEU-SE no trajeto da ... José de Alencar até à R. H... berto de Campos na lob... pasta com documentos, e... havia notas promissórias a... das p/ firma VEIGA UR... LTDA, estabelecida à R. ... qués de S. Vicente, nº ... e 39-A, em favor de Edu... dos Santos Rodrigues, Jos... de Oliveira Urais e Artur... ok. Gratifica-se bem a q... devolver. Tel: 227-2109 Eduardo.

Desapareceu de Casa o Jovem

Desapareceu de casa, desde 3 do corrente, o jovem Carlos Sampaio de Araújo (20 anos, solteiro, Avenida Nossa Senhora de Copacabana, 80, apto. 1 003). O rapaz trajava calça escura, camisa branca e sapatos amarelos. Qualquer informação poderá ser dada pelo telefone 37-7961, onde reside a irmã do desaparecido.

TRANSFERÊNCIA ILEGAL

Sem o consentimento de sua irmã, a senhora Georgina Pi... res Sampaio, o senhor Carlos Sampaio, que estava internado no Hospital Psiquiátrico do Engenho de Dentro, foi transferido, há alguns dias, para a Colônia de Férias de Jacarepaguá, com sérios prejuízos a seu tratamento.

Jacuí Japurá
A (re)construção de uma identidade

Jacuí Japurá Sampaio nasceu em Manaus, no Amazonas, em 25 de dezembro de 1934.

Filha do casal José Sampaio e Maria Sampaio, ela só veio a ter uma certidão de nascimento e outros documentos aos trinta e um anos de idade, em novembro de 1966.
Seus primeiros documentos foram expedidos em Curitiba, no Paraná, pouco antes de Jacuí Japurá sair em turnê artística pela América Latina, passando por países como o Peru e o Panamá até alcançar o México: ela era uma encantadora de serpentes e se apresentava em boates dançando com enormes cobras.
Se ela viajou de carro, ônibus ou avião, não se sabe com certeza. Mas o fato é que fez todo o percurso tendo como companheiras de viagem suas jiboias adestradas.
Entre 1967 e 1969, Jacuí Japurá levou uma vida nômade no México, morando em hotéis e mudando de cidade a cada vez que surgia uma nova oportunidade de trabalho.
Sua saga "on the road" terminou após seu casamento com um norte-americano que a levou para os Estados Unidos em 1970 - mas isso é outra história.

O mais importante sobre Jacuí Japurá ainda não foi dito: na verdade, ela não era nem Jacuí nem Japurá, tampouco amazonense ou filha de José e Maria. Aliás, de Jesus Cristo, além dos nomes dos pais, também tinha "emprestado" a data de nascimento, 25 de dezembro.
Até sua idade era uma farsa - aquele ano de 1934 em seus documentos com certeza faria rir muita gente que sabia que ela tinha sido mãe dois anos antes disso, em 1932.

De real, só lhe sobrara o sobrenome Sampaio - e, claro, o domínio da arte de bailar com cobras, suas partners há mais de uma década.

Mas quem era Jacuí Japurá antes de ser Jacuí Japurá?

Para os Albertos, essa resposta veio à tona junto com as primeiras fotografias dela que encontraram: Jacuí Japurá não passava de mais uma persona de Suzy King, uma nova identidade cuidadosamente construída por ela para mudar de vida outra vez.

"Ela não tinha medo de se reinventar.", esclareceu o filho de Suzy King, Carlos, em depoimento concedido aos Albertos em 2018, "Quando percebia que uma coisa não estava dando certo, que não estava tendo sucesso, mudava de nome, de lugar, de atividade. Tudo pela sobrevivência.".

Embora nunca tenha tido uma certidão de óbito com esse nome, Georgina Pires Sampaio simplesmente deixou de existir em 1966.

De Georgina, Jacuí Japurá manteve apenas as cobras, o contato com sua melhor amiga - Lia - e sua busca pelo filho desaparecido - que de "irmão de Georgina" passou a ser "primo de Jacuí" nos anúncios que ela publicava nos jornais cariocas pedindo notícias dele.

Até mesmo seu rosto foi alterado com uma cirurgia plástica que a rejuvenesceu o suficiente para que seus quarenta e nove anos se tornassem trinta e um.

O fim de Georgina também marcou o fim da persona Suzy King.
Seu novo nome civil combinava com seu ofício e ela passou a se apresentar como "Jacuí Japurá, a Rainha do Amazonas".

Muito se elucubrou a respeito dessa mudança tão radical, mas seus motivos permanecem desconhecidos.
Seria apenas para tirar dezessete anos de sua idade e prolongar seu "tempo útil" de atuação como dançarina exótica num tempo em que uma mulher de cinquenta anos era considerada velha demais para se exibir de biquíni e fazer danças sensuais com cobras?
Georgina Pires Sampaio teria algum problema que a impediria de deixar o Brasil com esse nome?
Estaria fugindo de algo ou de alguém?
Ou simplesmente queria se renovar e recomeçar do zero?

Se ela não tivesse perdido o contato com Carlos, é provável que os Albertos jamais descobrissem sua troca de identidade e ficassem para sempre às voltas com o mistério de seu paradeiro final.
Mas seus anúncios procurando por ele já com o novo nome serviram de "mapa do tesouro" para a dupla, permitindo que os Albertos pesquisassem e conhecessem a história de Jacuí Japurá, a identidade reconstruída de Suzy King.

A Índia das Cobras

"A avó dela era índia.", revelou Carlos, o filho de Suzy King, em entrevista concedida aos Albertos em 2018, "A ideia desse novo nome indígena veio dessa descendência.".

Sua ancestralidade pode até ter sido uma das inspirações para a criação de Jacuí Japurá, mas outra influência é óbvia: a encantadora de serpentes Índia Maluá.

Nascida em uma tribo indígena e criada em Pernambuco, ela chegou no Rio de Janeiro ainda adolescente, acompanhando uma família para a qual trabalhava como empregada doméstica.
No início dos anos 1950, foi vista numa praia por um "olheiro" da vedete Luz del Fuego. Incumbido de recrutar girls para se apresentarem com a domadora de cobras, ele fez a ponte entre as duas e, do dia para a noite, a garota passou a morar na casa da artista e integrar seu grupo de jovens dançarinas.
Iniciada no naturismo por Luz del Fuego, ela participou da fundação da Ilha do Sol e também aprendeu a lidar com as serpentes.
Pouco tempo depois, se lançava em carreira solo.

Anunciada como "Índia Maluá, a Flor Selvagem do Amazonas" (nome que ganhou quando gravava sua participação em um filme estrelado pela atriz e cantora Vanja Orico), se tornou muito popular rapidamente, disputando espaço com Suzy King nos mesmos circos, teatros e boates tanto no Brasil quanto em outros países da América do Sul.

A temática indígena - presente não apenas em seu nome, mas também nos trajes, nas coreografias e nas músicas que apresentava em cena - dava a Maluá certa vantagem em relação a Suzy King, cujo nome soava muito americanizado e pouco exótico para seu gênero artístico.

O sucesso da Flor Selvagem do Amazonas inspirou Suzy King a se tornar uma índia amazonense também - Jacuí Japurá sim poderia competir "de igual pra igual" com a Índia Maluá.

Jacuí e Japurá são respectivamente rios do Rio Grande do Sul e do Amazonas. Mas provavelmente foi da midiática Índia Diacuí que ela tirou o nome Jacuí.

Diacuí - chamada pela imprensa de "Cinderela tropical" - ficou conhecida em todo o Brasil no início dos anos 1950, quando a revista "O Cruzeiro" resolveu fazer uma série de reportagens sobre seu casamento com um sertanista.
A ideia era vender a história como a união de uma "selvagem" com um "civilizado" - transformadora para ela e toda a tribo, pois o noivo pretendia "levar o progresso" para o local onde viviam. Mas a Índia Diacuí morreu apenas nove meses depois do casamento, no parto de sua primeira filha - e isso rendeu mais matérias.

Por conta dessa história, a própria Maluá usava o nome Diacuí antes de se tornar Maluá.

Amiga de Alberto Camarero desde 1972, quando trabalharam juntos no espetáculo teatral "A Viagem", Maluá foi entrevistada pelos Albertos em 2015.
Indagada sobre Suzy King ou Jacuí Japurá, disse ter apenas uma vaga lembrança, completando: "Depois de mim, apareceram várias 'índias' dançando com cobras. Tudo imitação: a verdadeira índia que dança com as cobras era e continua sendo eu!".

E ninguém pode negar: depois de seis décadas se apresentando com serpentes, Maluá será eternamente a legítima "Índia das Cobras" do povo brasileiro.

A carreira no México

Jacuí Japurá desembarcou no México em agosto de 1967.

Registrada na Asociación Nacional de Actores como cantora e bailarina, realizou temporadas em boates de diversas cidades mexicanas entre 1967 e 1969, principalmente na Baixa Califórnia.

Na documentação de sua imigração, constam referências de atuações nas seguintes casas noturnas: Torero (Tijuana, 1967), Waikiki (Ciudad Juárez, 1968), Kahlua (Ensenada, 1968), La Cabaña (Mexicali, 1968), Panamerican (Tijuana, 1969) e Aloha (Mexicali, 1969).

Em meados de 1968, Jacuí Japurá foi contratada pela famosa Caravana Corona, que viajava por todo o país apresentando shows de variedades com cantores, bandas, vedetes e artistas dos mais diferentes gêneros - para se ter uma ideia, Pérez Prado, Celia Cruz, Trio Los Panchos, José Alfredo Jiménez e Tongolele são apenas algumas das grandes atrações mexicanas e internacionais que fizeram parte do grupo em momentos distintos.
Contratada para uma turnê como "bailarina excêntrica", Jacuí Japurá passou por várias cidades com a Caravana Corona.

Ao que tudo indica, foi em Mexicali, na boate Aloha, que se deu sua última temporada artística, em agosto de 1969.

O cantor Alfredo Cubedo - que estava em cartaz na Aloha no mesmo período - foi entrevistado pelos Albertos por telefone em 2018 e recordou as derradeiras apresentações de Jacuí Japurá: "Ela dançava com as cobras ao som de música brasileira... Acho que era bossa nova. No final do show, todos os artistas entravam em cena e faziam um número juntos. Nessa entrada final, ela usava um turbante de frutas, no estilo de Carmen Miranda. Estávamos hospedados no mesmo hotel, mas nunca nos aproximamos. Fora do palco, estava sempre sozinha... Ela e as cobras.".

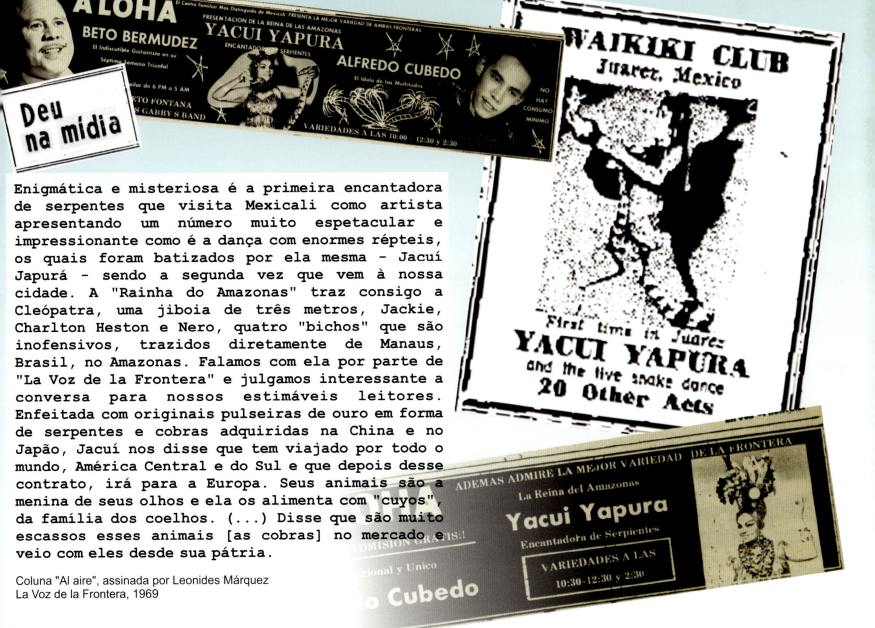

Deu na mídia

Enigmática e misteriosa é a primeira encantadora de serpentes que visita Mexicali como artista apresentando um número muito espetacular e impressionante como é a dança com enormes répteis, os quais foram batizados por ela mesma - Jacuí Japurá - sendo a segunda vez que vem à nossa cidade. A "Rainha do Amazonas" traz consigo a Cleópatra, uma jiboia de três metros, Jackie, Charlton Heston e Nero, quatro "bichos" que são inofensivos, trazidos diretamente de Manaus, Brasil, no Amazonas. Falamos com ela por parte de "La Voz de la Frontera" e julgamos interessante a conversa para nossos estimáveis leitores. Enfeitada com originais pulseiras de ouro em forma de serpentes e cobras adquiridas na China e no Japão, Jacuí nos disse que tem viajado por todo o mundo, América Central e do Sul e que depois desse contrato, irá para a Europa. Seus animais são a menina de seus olhos e ela os alimenta com "cuyos", da família dos coelhos. (...) Disse que são muito escassos esses animais [as cobras] no mercado e veio com eles desde sua pátria.

Coluna "Al aire", assinada por Leonides Márquez
La Voz de la Frontera, 1969

Jackie Bailey

California Dreamin'

Em 1963, um dos anúncios do desaparecimento de Carlos alertava que Georgina estava prestes a embarcar para os Estados Unidos.
Se esse era realmente seu grande objetivo desde aquela época, ela demorou sete anos para concretizá-lo.

E quando isso aconteceu, foi como Jacuí Japurá que pisou em solo norte-americano, aos cinquenta e dois anos de idade, prestes a se casar pela primeira vez.
O noivo era o excêntrico texano Bill Bailey e o casamento aconteceu em Ramona, no Condado de San Diego, na Califórnia, no dia 05 de janeiro de 1970.

Não se sabe como os dois se conheceram.
Para quem perguntava, contavam uma história fantasiosa: trabalhando como minerador no Brasil, Bill tinha visto Jacuí Japurá dançando com cobras em um show. Apaixonado, a convenceu a viajar com ele de país em país até a Califórnia para que se casassem em sua terra.
Mas o fato é que Bill nunca esteve no Brasil e ela fez a viagem até o México sozinha.
O mais provável é que eles tenham se conhecido em alguma cidade na fronteira do México com os Estados Unidos, como Tijuana ou Mexicali, em meados de 1969.

Detalhe: esse foi o sexto casamento de Bill, que se divorciou da esposa mais recente em dezembro para se casar novamente em janeiro.

Bill vivia em Chula Vista, também no Condado de San Diego, em um parque de trailers na 288 Broadway.
Pouco tempo depois do matrimônio, o casal se mudou para outro parque na mesma cidade, na 568 Palomar Street.

Para facilitar a pronúncia de seu nome, Jacuí foi rebatizada como Jackie.

Dividindo um trailer com uma enorme píton albina, um lagarto e algumas aranhas, a exótica dupla levava uma vida agitada.
Iam juntos às montanhas para apanhar cactos que preparavam para comer e tinham planos de viajar para o Brasil a bordo de um barco de ferrocimento que Bill estava construindo.
Conversavam - e discutiam - em espanhol. Geralmente, as discussões giravam em torno dos casos amorosos dele, um inveterado conquistador de mulheres.

Quando estava sozinha, Jackie quase não saía.
Passava seus dias pintando aquarelas de cores vibrantes - principalmente papagaios e pássaros - e cozinhando pratos brasileiros como arroz e feijão.
Nas paredes do trailer, além de suas aquarelas, se viam as fotografias de um passado que parecia glorioso.
Ela não se apresentava mais, mas gostava de passear com a píton albina enrolada no pescoço - a última cobra de sua vida.

Em agosto de 1974, o sonho americano de Jackie Bailey alcançou seu apogeu: depois de um longo processo, ela foi naturalizada cidadã norte-americana.

Na fotografia escolhida para o certificado de naturalização, Jackie aparecia usando uma gravata "bolo tie", bem típica dos cowboys texanos - influência de Bill e símbolo de sua "americanização".

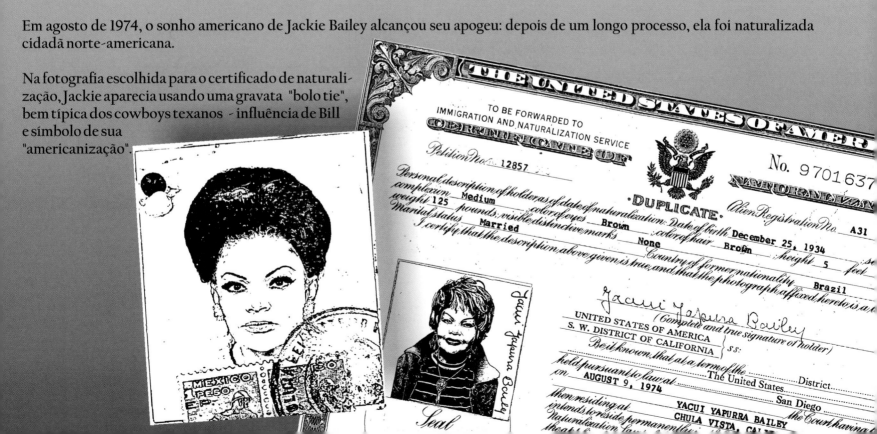

A última parada: Chula Vista

Localizada entre a Baía de San Diego e o sopé das montanhas da região, a cidade de Chula Vista recebeu esse nome (em espanhol, algo como "bela vista") pela beleza da paisagem que a cerca.

Ao longo do tempo, a proximidade com a fronteira dos Estados Unidos com o México atraiu para Chula Vista uma grande população de imigrantes mexicanos em busca de melhores condições de vida.
A maior parte dessa população vive nos inúmeros parques de trailers espalhados pela cidade e suas adjacências.

Nesses parques, os trailers podem ser móveis ou fixos - e nesse último caso, não é raro que se construa uma espécie de "puxadinho" acoplado ao trailer.

Nos Estados Unidos, os parques de trailers são chamados de "favelas de lata" e seus moradores - majoritariamente imigrantes, idosos e pessoas de baixa renda - costumam ser vistos de forma preconceituosa por questões sociais e raciais.
Existe até um termo pejorativo - "trailer trash" ou "lixo de trailer" - para depreciar essa população - se referindo especialmente às pessoas brancas que vivem em tais condições.

Uma nova-iorquina em Chula Vista

Em 2018, os Albertos estiveram em Chula Vista em busca de resquícios da passagem de Jackie por lá, mas não obtiveram muitos resultados.

Um ano depois, em dezembro de 2019, a dupla recebeu um e-mail de Denise Elliott, uma nova-iorquina de cinquenta anos de idade residente em Chula Vista.
Ela estava elaborando um "sketchbook" (um caderno de desenho) para um projeto da Brooklyn Art Library e as placas dos antigos parques de trailers de Chula Vista eram o ponto de partida para sua criação.
Muitos anos antes, Denise ouvira algo sobre a encantadora de serpentes que morava em um daqueles parques. Achando que essa história poderia render algumas páginas para seu caderno, ela começou a procurar indícios da existência da personagem. Tudo em vão - ninguém sabia nada a respeito e Denise chegou a cogitar que tinha imaginado aquilo.

Como uma última tentativa, procurou a sociedade histórica local - que recentemente recebera os Albertos e fez a ponte entre Denise e a dupla.
O encontro com Denise foi fundamental para desvendar os mistérios de Jackie Bailey.
Incansável e tão obstinada quanto os Albertos, ela localizou pessoas, visitou lugares e encontrou documentos muito importantes para ajudá-los.

Sobre sua participação na montagem desse quebra-cabeça, Denise escreveu certa vez: "A história de Suzy King em Chula Vista, nos últimos anos de sua vida, por mais impossível que parecesse para mim, começou a se desvendar e a ser revelada. E que desfecho incrível encontramos para a história dela. Podemos nunca conhecer todos os detalhes. Mas o que descobrimos foi incrível.

Assim como a vida dela. Uma mulher forte, com uma história velada, uma identidade velada e tantos segredos que ela deve ter guardado em tempos de perseguição e repressão. Viva Suzy, Jacuí, o enigma, em nossos corações e em nossas mentes. Que todos possamos nos esforçar para levar adiante sua paixão.".

Nessa jornada, Denise contou com a preciosa colaboração de Chip Jones.

Sua identificação com Jackie foi inevitável: afinal, guiada pelo mesmo espírito aventureiro que guiava a encantadora de serpentes brasileira, Denise se mudou para Chula Vista em 2012 disposta a reinventar sua vida morando num barco.

Como resultado dessa parceria, os Albertos conseguiram o material necessário para contar a história de Jackie Bailey e Denise pôde finalizar seu sketchbook incluindo a história da domadora de cobras que vivia num parque de trailers em Chula Vista.

Flamboyant, out there, voluptuous, out of place, provocative, cover girl, lonely: the old crazy South American that charmed snakes

A persona assumida socialmente por Jackie Bailey em Chula Vista nos anos 1970 tinha muita coisa em comum com as personagens latino-americanas interpretadas por Carmen Miranda nos filmes de Hollywood dos anos 1940: extravagante, alegre, hipersexualizada e chamativa, ela jamais passava despercebida por qualquer lugar.

Sempre vestindo tops e calças justas de cores berrantes, Jackie tinha uma grande coleção de perucas, chapéus e boás, usava muita maquiagem e quase nunca saía sem seu casaco de onça, mesmo nos dias muito quentes.
Ostentando seus seios fartos - detalhe lembrado nos depoimentos de todas as pessoas que a conheceram em Chula Vista - ela costumava andar pelas ruas quase saltitando - "como se estivesse acompanhando a batida de um tambor", explicaria uma de suas "testemunhas oculares" - acenando com as mãos e falando sozinha - geralmente em português. Aliás, não era raro que ela começasse a contar uma longa história em português antes de se lembrar que seus interlocutores norte-americanos não entendiam o idioma.

Alguns dos termos em inglês usados recorrentemente para defini-la por suas "testemunhas" são "flamboyant" (extravagante), "out there" (excêntrica), "voluptuous" (voluptuosa), "out of place" (deslocada), "provocative" (provocante), "cover girl" (garota da capa ou pin-up) e "lonely" (solitária) - ou simplesmente "the old crazy South American that charmed snakes" (a velha louca sul-americana que encantava serpentes).

Tanto espalhafato incomodava algumas pessoas.
Em meados de 1983, Jackie processou três vizinhas de um parque de trailers no qual estava residindo na 352 Broadway porque estava sendo perseguida e ameaçada por elas.
"As acusadas conspiraram entre elas e, individualmente e em conjunto, fizeram insultos racistas sobre eu não ser americana, tentando me induzir a combatê-las fisicamente, gritando obscenidades e ameaçando me espancar. Isso aconteceu tantas vezes que só posso estimar que, no último ano, isso ocorreu pelo menos vinte a trinta vezes. Elas também colocaram excrementos de gato e cachorro em frente ao meu trailer. Além disso, elas constantemente me ameaçaram. Sofri severa perda de sono durante o último ano, e estou constantemente em estado nervoso como resultado da ação das acusadas. Tive pesadelos contínuos que não tinha antes do início de seus atos de assédio.", declarou a brasileira na ocasião.

Mulheres exóticas e sensuais como Jackie são frequentemente associadas aos parques de trailers na arte.
Um exemplo disso é uma vela votiva personalizada que ficou famosa depois de aparecer em um documentário entre os presentes enviados para o cantor Elvis Presley por seus fãs.
"Our Lady of the Trailer Park" ("Nossa Senhora do Parque de Trailers") é a "santa" cuja figura ilustra a vela: uma mulher extravagante, de top colorido, calças justas e óculos escuros.

As testemunhas

Os Albertos e Denise Elliott conseguiram encontrar algumas pessoas que conheceram Jackie em Chula Vista.

Em 2017, o jornal local "The Star-News" publicou uma reportagem assinada pelo jornalista Robert Moreno sobre a pesquisa dos Albertos.

Dias depois, Esther Pearson procurou a dupla por e-mail: entre o final dos anos 1970 e o início dos 1980, ela atuara como professora de "inglês como uma segunda língua" para imigrantes (principalmente donas de casa mexicanas) na Igreja de Nossa Senhora de Guadalupe e Jackie fazia parte de uma das turmas que tinham aulas ali, embora não fosse sua aluna. Esther nunca se esquecera de Jackie por causa de sua "otherness" (alteridade) e se lembrava vagamente de ter estado no trailer dela - sem saber exatamente o motivo, achava que sua visita tinha algo a ver com uma cobra doente.

"Eu acredito que ela estava sempre sozinha nas aulas de inglês. Ninguém foi rude com ela, mas não me lembro de que alguém tenha feito amizade. Acho que estávamos todos conscientes de que ela era uma dançarina exótica e que seu show envolvia cobras. Solitária e deslocada certamente resumem minhas ideias sobre ela.", declarou Esther em depoimento concedido para os Albertos.

Jim Wilson trabalhava como bombeiro na cidade e já tinha ouvido falar sobre Jackie quando foi chamado para socorrê-la no início dos anos 1970: ela torcera o tornozelo andando de patins.

Depois disso, ele nunca mais deixou de prestar atenção em sua estranha e comentada figura: "As histórias diziam que ela teria vindo de algum lugar da América do Sul, e que ela era uma encantadora de serpentes e não era uma pessoa encantadora. Mas seus trajes eram muito diferentes dos nossos. Ela podia muita bem ser da América do Sul. Usava cores muito vibrantes e pouca roupa. Uma coisa que me lembro é que quando ela olhava para você, ela olhava através de você. Algo nos olhos dela imediatamente te colocava em guarda. Parecia que uma cobra ia sair de algum lugar! Ela agia como se fosse uma pin-up de lá, com toda aquela atitude e um monte de trejeitos. Bem animada. Fora do padrão o suficiente para que você não esqueça completamente.", declarou em entrevista gravada por Denise em 2020.

Jim e Denise já eram amigos há muito tempo e a descoberta de que ele conhecera Jackie foi uma agradável surpresa.

Outra testemunha localizada por Denise foi Gale Gerald Fick, o proprietário de um parque de trailers no qual Jackie viveu na década de 1980 na 352 Broadway.

Ele se lembrava com detalhes de uma ocasião na qual ela foi perseguida por um homem atraído por sua maneira "provocante" de se vestir. Mesmo sendo ameaçado com uma arma, seu conquistador só aceitou sua negativa quando a polícia chegou.

O filho americano de Jackie

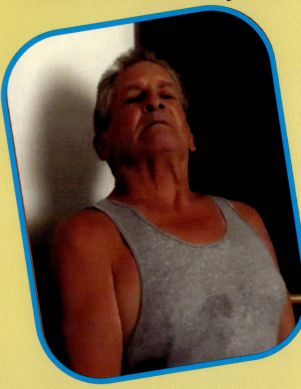

Quando moravam no parque de trailers situado na 568 Palomar Street, Jackie e Bill ficaram muito próximos de Arthur Husted, um dos filhos de Gloria, a proprietária do local.
Ele tinha cerca de vinte anos na época e passava bastante tempo no trailer do casal, que o tratava como um filho.

Denise e Chip foram até a residência de Arthur em 2020 e fizeram uma chamada de vídeo para que os Albertos pudessem entrevistá-lo com a ajuda da cineasta brasileira Fernanda Faya, que fez a tradução da conversa em tempo real.
Segundo Arthur, Jackie era uma pessoa muito alegre e animada e sempre tinha algo bom para lhe dizer ("com o que ela sabia de inglês e o pouco que eu sabia de português"), mas também brigava muito com os vizinhos, pois não aceitava que lhe dissessem o que devia fazer.
Nas últimas vezes em que a encontrou, Arthur notou que Jackie estava sofrendo de certa hipocondria e parecia deprimida.
Já separada de Bill, ela desejava voltar para o Brasil, mas não tinha condições financeiras para isso.
Saudosa de sua terra e cada vez mais sozinha, estava muito triste e doente.

O "filho americano" de Jackie não sabia nada sobre a existência do filho brasileiro de Georgina - para ele, Jackie sempre dizia que nunca tinha sido mãe.

O marido

Bill no início dos anos 1940

Weldon Jackson Bailey - mais conhecido como Bill Bailey - nasceu no Texas em 19 de janeiro de 1920.

Antes de completar trinta anos, se formou numa universidade, se casou, teve uma filha e abandonou a esposa e a criança para se aventurar pelos Estados Unidos.
Era uma espécie de beat à margem do movimento, vivendo a contracultura norte-americana à sua maneira.
Apaixonado por livros, adepto do naturismo e interessado em Ufologia, Bill vivia intensamente e cativava a todos com sua personalidade exuberante e ávida por novidades.

Quando se casou com a encantadora de serpentes brasileira, ele - que era engenheiro mecânico - trabalhava no ramo da construção de barcos e navios.

Bill e Jackie se separaram depois de alguns anos, mas continuaram amigos.
Afastada dos palcos e sem meios para se sustentar, ela pôde contar com o auxílio financeiro do ex-marido até o fim da vida.

Era dele o trailer no qual Jackie vivia na 352 Broadway nos anos 1980.
A cada seis semanas, sua visita lhe garantia o necessário para sobreviver por mais um tempo.

A Casa Bola

Depois da morte de Jackie, Bill se casou com uma mulher chamada Flavia Gutierrez e construiu uma estranha casa em formato de bola no Cañon de la Pedrera, em Tijuana, perto da Carretera Libre para Rosarito.

Planejada minuciosamente por ele mesmo a partir de uma estrutura geodésica, a construção ficou conhecida como "Casa Bola" e foi motivo de muitas "teorias da conspiração" na vizinhança - rituais de bruxaria e contatos com extraterrestres faziam parte das mirabolantes histórias inventadas a respeito da casa e de seu proprietário.

Mas só quem convivia com Bill sabia que tudo aquilo não passava de mais uma de suas excentricidades: a Casa Bola era a grande realização de sua criatividade, a obra-prima de sua vida.

Infelizmente, a "menina dos olhos" de Bill não resistiu ao tempo.
Depois da morte dele (em 28 de junho de 2008 em San Diego), a Casa Bola foi abandonada, invadida por usuários de drogas e finalmente incendiada durante um confronto de criminosos com a polícia.
Na ocasião, todos os pertences de Bill - seus livros, papéis, fotografias, objetos e até seu piano - foram reduzidos a cinzas.

Em 2018, os Albertos visitaram as ruínas da Casa Bola - sua estrutura continuava lá, mas nada mais restara do "sonho" de Bill - ou restara?
Afinal, uma estranha coincidência sugeriu à dupla que ainda havia alguma vida no local - no exato momento em que o táxi que levou os dois fuções até lá estacionou na frente da construção, o rádio do carro começou a tocar uma versão instrumental mexicana de "And I love her", dos Beatles.
Nada demais - se não fosse pelo fato de que essa canção acompanhava a pesquisa dos Albertos sobre Suzy King desde 2014.
Ouvir "And I love her" tocando por acaso justamente no momento em que miravam pela primeira vez a Casa Bola de Bill lhes pareceu um sinal de que nem tudo estava morto por ali.
Naquele breve instante, a chama do amor de Bill e Jackie brilhou outra vez.

A morte

Como grande parte dos moradores dos parques de trailers são pessoas idosas e sozinhas, ser encontrado morto dentro de um trailer depois de vários dias, já com o corpo em decomposição, é um destino comum para essa população.

"Minha mãe acabou se acostumando com a rotina de encontrar cadáveres nos trailers.", contou Arthur Husted, o filho da proprietária do parque de trailers situado na 568 Palomar Street, em depoimento concedido para os Albertos em 2020, "Não era uma surpresa nem algo que a chocasse. Simplesmente fazia parte do cotidiano de qualquer parque de trailers.".

No dia 09 de agosto de 1985, o gerente do parque de trailers Rose Arbor Mobile Home Park, na 352 Broadway, constatou que ninguém via Jackie Bailey, a moradora do trailer A10, há vários dias.
Por volta do meio-dia, a polícia foi chamada. O policial destacado para verificar o que tinha acontecido foi J. C. Smith.
A porta do trailer estava trancada e foi preciso arrombá-la.
Era um dia quente de verão em Chula Vista e o interior do trailer parecia um forno.
Sentada no chão do corredor, Jackie jazia morta e em estado avançado de decomposição.

"O perito legista viu a falecida nua sentada no chão acarpetado do corredor de sua residência, que leva da sala para o quarto. Ela estava caída para a esquerda, com a cabeça apoiada no joelho esquerdo flexionado. Ela estava fria ao toque e flácida, com deslizamento da pele e uma descoloração verde na área do abdômen. Uma exsudação sangrenta exalava de suas narinas sobre sua coxa esquerda. As pontas dos dedos estavam marrons e desidratadas. Não havia sinais de trauma nem atividade criminosa."
(Relatório do legista)

Papéis encontrados no trailer indicavam que Jackie contratara um plano funerário da Humphrey Mortuary.

Segundo os vizinhos, Bill ia visitá-la a cada seis semanas. Ninguém sabia dizer onde ele morava - talvez em sua caminhonete ou com um amigo.
Há cerca de três semanas, tinha feito sua última visita.

Como Bill não foi localizado, os lacres do legista foram afixados no trailer e a Humphrey Mortuary foi contatada.

De acordo com a autópsia, a causa da morte foi "arteriosclerotic cardiovascular disease".
Detalhe: no relatório da autópsia, há uma observação indicando que o corpo parece ser de uma mulher mais velha do que a idade declarada de cinquenta anos. É claro - ela estava prestes a completar sessenta e oito anos.

Uma semana depois de ser encontrada morta, Jackie foi cremada em Pasadena, na Califórnia.

Mas não era o fim.
Vinte e sete anos depois, em 2012, Suzy King ressurgiria mais imponente do que em toda a sua vida através das pesquisas e obras dos Albertos.
Estava escrito.

O destino é quem manda:
A Mãe, o Filho e Eu

por Alberto de Oliveira

palavras, calas, nada fiz
estou tão infeliz
falasses, desses, visses, não
imensa solidão

eu sou um rei que não tem fim
e brilhas dentro aqui
guitarras, salas, vento, chão
que dor no coração

cidades, mares, povo, rio
ninguém me tem amor
cigarras, camas, colos, ninhos
um pouco de calor

eu sou um homem tão sozinho
mas brilhas no que sou
e o meu caminho e o teu caminho
é um
nem vais, nem vou

meninos, ondas, becos, mãe
e só porque não estás
és para mim e nada mais
na boca das manhãs

sou triste, quase um bicho triste
e brilhas mesmo assim
eu canto, grito, corro, rio
e nunca chego a ti

("Mãe", composição de Caetano Veloso)

Carlos Sampaio de Araújo, (foto), está desaparecido de sua residência, na Avenida Copacabana, 80, apt. 1003, há cêrca de 11 meses, fato que vem preocupando sua irmã, sra. Georgina Sampaio que em breve embarcará para os Estados Unidos. Qualquer informação poderá ser endereçada a residência do desaparecido, ou através do telefone 37-7961

Em agosto de 2012, fui ao Rio de Janeiro pela primeira vez. Eu e Camarero já estávamos pesquisando Suzy King há alguns meses, mas ainda sabíamos pouco sobre ela. Tão pouco que pensávamos até que podia estar viva, morando em Copacabana.

Na primeira oportunidade, fui ao número 80 da Avenida Nossa Senhora de Copacabana ver de perto o prédio em que ela vivia nos anos 1950. Nunca fui esse tipo de "fetichista" que se apraz tocando objetos específicos e visitando determinados lugares com alguma relevância histórica, mas estar no edifício "de Suzy King" mexeu profundamente comigo.

Diariamente, ao longo da minha temporada carioca, eu retornava àquele endereço e ficava olhando de fora, imaginando o entra-e-sai da irrequieta Suzy, carregando suas cobras em caixas e sacolas, chegando de madrugada, saindo de casa com um plano na cabeça ou uma encrenca à vista.

De volta a São Paulo, fui com Camarero ao Arquivo Público do Estado de São Paulo e encontramos uma pasta cheia de fotografias de Suzy. Era como estar vivendo o início de uma paixão - desde Copacabana, eu sentia que a via com olhos diferentes. As imagens dela que encontramos alimentaram aquele estranho amor que ia nascendo no meu coração.

Eu deixava aquele sentimento fluir sem entender ainda a profundidade de sua natureza.

Cerca de um mês depois, em setembro, encontrei uma nota publicada no "Diário Carioca" em 1963: "Desaparecido - Carlos Sampaio de Araújo está desaparecido de sua residência, na Avenida Copacabana, 80, apt. 1003, há cerca de 11 meses, fato que vem preocupando sua irmã, sra. Georgina Sampaio, que em breve embarcará para os Estados Unidos. Qualquer informação poderá ser endereçada à residência do desaparecido, ou através do telefone 37-7961.".
Acompanhando a nota, uma fotografia mostrava o desaparecido Carlos de camisa e gravata. Seu olhar era doce.

Para mim, Suzy King acabava de ganhar uma dor, um drama que dava à sua história - até então, um pandemônio de cobras, escândalos e seminudez - um aspecto humano.
Acho que a descoberta de sua busca por Carlos através daquela nota de jornal foi decisiva para que o processo de me apaixonar por ela se concluísse dentro de mim.

Nos meses que seguiram, sua intimidade com Carlos começou a vir à tona.
Cada descoberta criava uma nova fantasia sobre os dois: ele menino viajando com Suzy de navio da Bahia para São Paulo, a revelação de sua esquizofrenia e suas passagens por hospitais psiquiátricos, seu desaparecimento aos trinta anos.

Um ano depois, surpresa: documentos encontrados no Instituto de Identificação Félix Pacheco, no Rio de Janeiro, traziam a filiação de Carlos - e ele não era irmão de Suzy, mas sim seu filho.

As notas publicadas na imprensa mostravam que ela tinha procurado por ele por mais de dez anos.
Já morando nos Estados Unidos, em meados dos anos 1970, Suzy ainda publicava nos jornais brasileiros pequenos anúncios de seu desaparecimento.

Sua incansável busca pelo filho me tocou e decidi assumi-la.
Eu "tinha" que achar a resposta que Suzy tanto buscara: o que teria acontecido a Carlos?

Por essa época, a redescoberta num caderno antigo de um poema que eu escrevera em 2010 - portanto, dois anos antes de saber da existência de Suzy King - me pareceu intrigante.
Intitulado "Nem Suzy, nem eu", o poema "antecipava" a minha história com eles:

> Suzy te procura no aquário
> mas não vai te encontrar
> você já não é uma pedra
> já não faz parte da decoração
> eu sei que você fugiu
> sei bem que Suzy nunca mais vai te ver
> ninguém daqui vai saber do teu fim
> nem Suzy, nem eu
> Suzy te procura no aquário
> e não quero ter que contar a verdade
> bem que Suzy podia concluir sozinha
> que você fugiu dela
> sem que fosse preciso dizer
> assim seria mais fácil
> ninguém te necessita para sobreviver
> nem Suzy, nem eu
> Suzy ainda te procura no aquário

Desse poema, eu só me lembrava que escrevera numa tarde de setembro ao ser tomado pela imagem desesperada de uma mulher presa dentro de uma espécie de aquário sem água que buscava alguém desaparecido que - sem que ela soubesse - na verdade, fugira dela.

A relação óbvia do "aquário sem água" com a urna de vidro dentro da qual Suzy realizava suas provas de jejum como faquiresa e a - quase assustadora - escolha do nome Suzy para a minha personagem eram "evidências" fortes demais para que eu as considerasse meras "coincidências".

Para completar, numa viagem astral, em meio a uma escuridão total, chamei por Suzy e não obtive resposta.
Mas quando chamei pelo nome de Carlos, ouvi uma voz masculina respondendo: "Aqui!".
"Aqui onde?", eu quis saber.
"Aqui!", repetiu.
"Georgina está com você?", indaguei.

Fui então projetado sobre um imenso tabuleiro de xadrez cercado por uma vasta relva, montanhas esverdeadas e pesadas nuvens escuras.
No tabuleiro, vieram ao meu encontro duas figuras que se apresentaram como Suzy e Carlos.
"Você é Suzy King?", fui logo dizendo, "Estou tão feliz! Eu queria tanto te conhecer!".
Suzy confessou estar perplexa com a minha súbita paixão por ela, sem saber como reagir: "É estranho para mim alguém ficar feliz porque sou Suzy King. Passei tanto tempo andando pelas ruas sem que ninguém se importasse comigo...".
Carlos não dizia nada, apenas sorria, posicionado ao lado dela.
Não nos aproximamos e Suzy disse que eles precisavam ir.
Pedi: "Voltem outras vezes. Vou gostar!".
Mas ninguém mais respondeu e despertei.

Nascido em 1932, Carlos - se estivesse vivo - já teria mais de oitenta anos em 2013.
Quando comuniquei às pessoas mais próximas que estava procurando por ele, ninguém botou fé.
Principalmente porque uma reportagem publicada no "Jornal do Brasil" em 1984 indicava que Carlos teria se tornado morador de rua.

Foi durante uma Operação de Recolhimento da População de Rua - popularmente chamada de "operação cata-mendigo" - realizada no Rio de Janeiro em janeiro de 1984 que Carlos - então com cinquenta e um anos - foi acolhido e levado para o Pavilhão de São Cristóvão.

"Para Carlos Sampaio de Araújo, que vai voltar para Belo Horizonte, [a 'operação'] foi uma saída rápida das dificuldades no Rio: 'Estou bem mais tranquilo e vou para Minas porque é o único lugar onde eu tenho meios de tentar a sorte.'. Sampaio é um dos quatro recolhidos [entre cento e vinte e seis] que têm promessa de receber passagem de ônibus.
(...)
Carlos Sampaio de Araújo se mostra satisfeito com a 'operação' depois de um ano e dois meses perambulando pelas ruas do centro. Com a barba longa cortada e o cabelo aparado - que o distinguia do restante do grupo - Carlos Sampaio explica que foi assaltado logo após chegar ao Rio. Escriturário ('agora, a idade não dá mais'), ficou sem documentos e se acostumou à rotina das esmolas e restos de comidas dos bares e restaurantes.
Sem família e 'andando como pobre errante, mas tudo com base na honestidade', Carlos Sampaio contou que tentou retirar novos documentos, mas escontrou obstáculos: 'Até a máquina de carteiras do posto de saúde que eu fui estava enguiçada; parece que é o destino.'.
Vestido com o macacão azul de brim, Sampaio tem uma nova fisionomia - após o barbeiro - e parece descansar."
("Jornal do Brasil", 1984)

Era a última pista que eu tinha dele e foi a partir dela que iniciei a minha busca, quase trinta anos depois.
Entrei em contato com vários jornais de Belo Horizonte solicitando a publicação de um anúncio pedindo a quem tivesse qualquer informação sobre Carlos que entrasse em contato comigo por e-mail. Enviei para os jornais os dados dele e a mesma fotografia que Suzy usava em seus anúncios. E fiquei aguardando.

Dias se passaram e eu já começava a achar que realmente me metera numa missão impossível quando, às treze horas e vinte e dois minutos de uma quarta-feira, 13 de novembro de 2013, recebi um e-mail do policial João Bosco Carvalho Silva:

"Localizei o Sr. Carlos Sampaio de Araújo, 80 anos. Ele está morando na cidade de Governador Valadares, MG. Tem uma ocorrência em que ele é vítima de agressão, contudo não tem endereço. Foi no dia 11/09/2013. Não tem endereço fixo porque ele deve ser morador de rua, pois os outros dois autores também não têm endereço fixo. Ele estava morando em BH, mas mudou-se para Valadares. Meu nome é João Bosco."

Ao ler aquela mensagem, fiquei tão excitado que não conseguia parar de andar de um lado para o outro repetindo sozinho: "O Carlos está vivo! O Carlos está vivo!".
Chorando e rindo ao mesmo tempo, sentia uma felicidade que não cabia em mim.

Ao saber da novidade, Camarero nem pestanejou: "Vamos encontrá-lo!".

Não demoramos muito para viajar, mas me pareceu uma eternidade.
Eu passava os dias fazendo ligações para a polícia de Governador Valadares, em contato com o soldado Marques Rogério de Souza, incumbido de me ajudar a pedido de João Bosco.
Marques sempre encontrava Carlos pelas ruas da cidade e me mandava notícias dele todos os dias. Mas optamos por não avisá-lo com antecedência sobre nossa ida para lá para não assustá-lo.

Numa sexta-feira, 22 de novembro, saímos de Belo Horizonte (onde chegamos de avião) e viajamos num carro alugado por cerca de seis horas até Valadares.
Assim que entramos na cidade, eu olhava atentamente cada transeunte na esperança de reconhecer Carlos - de quem ainda não tínhamos visto nenhuma fotografia atual.

Deixamos nossas coisas num hotel e fomos dar um passeio pelos arredores da rodoviária local - o "pedaço" de Carlos, segundo Marques.

No final da tarde, já tínhamos percorrido tudo e nem sinal dele. Na verdade, nem sabíamos como identificá-lo entre dezenas e dezenas de moradores de rua que ocupavam a área.

De repente, pousei o olhar sobre um homem meio corcunda de longas barbas brancas que vinha em direção contrária à nossa.

"É ele!", exclamei, sem hesitar.

Confiando na minha intuição, passamos a segui-lo.

O homem subiu a escadaria da rodoviária e, antes mesmo que chegasse ao topo, não me segurei, tremendo de emoção: "Carlos!".

Surpreso, ele pediu que esperássemos um instante. Foi até o guichê do banheiro, falou com a atendente e depois se dirigiu a nós.

Em estado de choque, eu nem conseguia articular as palavras e Camarero tomou a frente: "O senhor morou no Rio de Janeiro, certo?".

A pergunta inesperada não teve um bom efeito sobre ele: "Não!", respondeu contrariado, num gesto de quem vai embora.

"Mas o senhor não é o Carlos Araújo?", insistiu Camarero.

"Existe um monte de Carlos Sampaio!", se entregou o homem, "Tem até rua com esse nome. Agora me dê licença que preciso resolver questões importantes.".

Eu trazia comigo três fotografias de sua mãe e finalmente pude falar: "Espere! O senhor conhece essa mulher?", perguntei, estendendo uma das fotografias em sua direção, tremendo tanto que ele precisou segurá-la para poder ver.

"Não conheço.".

"Georgina.", apelei.

Seus olhos brilharam. Segurando com força a fotografia, ele repetiu: "Georgina...".

Em seguida, se afastou saindo de cena com muita pressa: "Tenho que ir! Tenho que ir!".

Não tivemos forças para ir atrás dele.

Carlos simplesmente desapareceu de nossa vista e o perdemos tão rápido quanto o encontramos.

Naquela noite, ainda tivemos que ir a um posto policial para fazer o registro de um boletim de ocorrência relatando nosso encontro com Carlos.

O texto do boletim ficou meio engraçado e, entre outras coisas, dizia o seguinte sobre nossas declarações: "Informaram que são conhecidos da família, ainda que ele [Carlos] não tem nenhum parente familiar vivo.".

Como explicar à polícia as circunstâncias que nos levaram ao encontro de Carlos?

De volta ao hotel, tive uma crise de choro incessante. Que dor imensa!

Camarero assistia televisão enquanto eu andava entre o quarto e a varanda chorando.

Carlos me parecera um homem tão triste!

A canção de Caetano Veloso ressoava na minha mente: "...sou triste, quase um bicho triste/ e brilhas mesmo assim/ eu canto, grito, corro, rio/ e nunca chego a ti...".

Como um último recurso, busquei consolo numa edição da Bíblia Sagrada, Novo Testamento, que havia no quarto.

Abri numa página aleatória e meus olhos caíram direto em Romanos 9:2 - "Que tenho grande tristeza e contínua dor no meu coração.".

Maria Dias da Silva, uma senhora que trabalhava em um dos guichês de entrada da rodoviária, nos contou que ele costumava conversar bastante com ela: "É muito inteligente e educado. Lê jornal todo dia, sabe conversar sobre qualquer assunto, Economia, Política, fala inglês... Ele tem uma bicicleta com a qual anda por todo o centro da cidade e não aceita esmolas porque recebe uma aposentadoria pela idade.".

No sábado, antes de irmos embora, dei a Maria as fotografias de Suzy e pedi que entregasse a Carlos.

Conforme deixávamos os limites de Valadares, minha tristeza aumentava.

Cada quilômetro avançado em direção a Belo Horizonte era mais um quilômetro longe de Carlos - para mim, Valadares ia se tornando uma ilha distante e inacessível à qual eu jamais voltaria, uma espécie de Shangri-La cuja entrada fora coberta pela neve e não poderia ser reencontrada nunca mais.

Novamente em São Paulo, eu tinha a impressão de que não poderia mais ser completamente feliz.
Era impossível retomar a minha vida e o meu estado emocional como eram antes do encontro com Carlos.
Como resultado desse estranho sentimento, me matriculei no curso de História de uma universidade - precisava, urgentemente, de um sentido, algo que ocupasse o meu tempo e me devolvesse à ordem prática do dia.

Mas Carlos não abandonou mais meu pensamento.
Com o apoio de Camarero e de meu pai, comecei então a arquitetar um audacioso plano: ir outra vez a Valadares e convencê-lo a morar comigo em São Paulo.

Por telefone, as atendentes dos serviços assistenciais de Valadares tentavam entender a minha insistência em perguntar sobre Carlos e exigir providências para tirá-lo da rua.
Finalmente, a história chegou aos ouvidos de Dôra Santos, um dos principais nomes da área assistencial na cidade.
Dôra me fez uma proposta: se eu fosse até lá, teria hospedagem e alimentação garantidas durante todo o tempo que necessitasse para criar um vínculo com ele.

Em fevereiro de 2014, viajando de ônibus durante quase dezoito horas, regressei a Valadares decidido a cumprir o meu propósito: "adotar" Carlos.
Ao longo de todo o percurso, ecoava na minha mente a melodia da canção "And I love her", dos Beatles - o que era bem estranho, pois eu mal conhecia essa música na época.

Mas levar Carlos para São Paulo não era tão simples. Hospedado por Dôra no Hotel Rio Branco, nas proximidades da rodoviária, saí pela cidade procurando por ele.
O encontrei no finalzinho da tarde, de pé na frente de um mercado.
Quando me aproximei, Carlos se mostrou totalmente hostil, principalmente depois que mostrei a ele algumas fotografias de sua mãe.
"Pra que ela está me procurando?", perguntou, irritado, "Pra enfeitar os palcos dela? Pra me botar naquela 'prisão' de novo?" - a "prisão" à qual ele se referia devia ser uma alusão aos hospitais psiquiátricos nos quais foi internado algumas vezes quando ainda morava com Suzy.
"Ela desapareceu! Por que é que você não desaparece também?", gritou.
E, tentando fugir de mim, embarcou num ônibus.
Nem hesitei: entrei atrás.
Fomos obrigados a descer no ponto final, em um bairro afastado e meio "sinistro".
Tive medo e um inesperado sentimento de raiva me tomou. Percebi que Carlos também estava meio amedrontado e fiquei meio irritado, achando que estávamos "correndo perigo" por culpa dele.
Relembrando disso ao escrever estas linhas, acho certa graça desse sentimento. Afinal, quem estava aborrecendo ele e provocara a situação era eu.
Apesar disso, andando quase juntos, achamos um ponto de ônibus e conseguimos retornar ao centro da cidade.

Carlos não falava comigo, mas me olhava bastante.

Pelo resto da noite, segui seus passos dentro de um mercado - onde ele comprou pão, queijo, presunto e alface para fazer um sanduíche - e só o deixei depois que ele se ajeitou deitado numa calçada - sem jornal nem nada que servisse de "colchão" ou "travesseiro" - e simplesmente adormeceu.

Observar seu "ritual" de alimentação antes de dormir mexeu muito comigo: em algum nível, entendi que - à sua maneira - ele vivia bem, já tinha seus hábitos e métodos e que qualquer tentativa de tirá-lo de seu cotidiano seria inútil - e talvez desnecessária.

Se Carlos passara as últimas cinco décadas vivendo sozinho na rua e estava ali, forte e saudável, lendo jornais e andando de bicicleta, por que eu deveria achar que ele precisava de mim?

Depois disso, um dia inteiro se passou sem que eu o reencontrasse.

Somente na outra manhã, sentado na frente de uma padaria, vi Carlos outra vez.

Me aproximei e falei por mais de meia hora. Sobre Suzy, principalmente. Mostrando insistentemente os anúncios dos anos 1960 em que ela o procurava, eu repetia: "Sua mãe nunca desistiu de te encontrar. Ela te buscou até o fim da vida.".

Ele ouvia e não dizia nada.

Só abriu a boca quando mostrei de novo uma fotografia dela: "Eu nunca soube se ela era ele ou se ele era ela. Até hoje, eu tenho essa dúvida.", murmurou enigmaticamente.

No final da conversa, eu não fazia ideia se ele tinha ou não entendido tudo o que eu lhe dissera. Em silêncio, se levantou e saiu.

Cansado daquele jogo - que nem ao menos eu tinha certeza se era realmente um jogo - resolvi voltar para São Paulo.

Liguei para Dôra e pedi que me esperasse em um bar. Chegando lá, pronto para comunicar a minha decisão, a encontrei sentada numa mesa com o dono do Hotel Rio Branco.

Ela nos apresentou e contou rapidamente o que me levara a Valadares. Mostrei uma fotografia de Suzy para ele - bem "social", sem cobras. Aliás, eu nem tinha falado em serpentes com ninguém ali até então, para não "assustar".

O dono do hotel olhou demoradamente a imagem e, por fim, soltou: "Talvez eu esteja enganado, mas essa senhora esteve em Valadares há muitos anos, quando eu era adolescente. Nunca me esqueci do rosto dela! Posso estar falando uma bobagem, mas acho que era ela uma mulher que montou um barracão no centro da cidade e ficou lá dentro durante dias, de biquíni, presa numa jaula cheia de cobras.".

Fiquei estático: "Mas era exatamente isso que ela fazia!".

Mudança de planos, claro: fiquei em Valadares para procurar pistas sobre a passagem dc Suzy por lá.

Pela cidade, encontrei várias pessoas que se lembravam disso e até fui chamado para falar sobre a minha pesquisa ao vivo num programa de rádio.

Antes de me colocar no ar, o apresentador me avisou que teria que tocar uma música. E, num "golpe" de sincronicidade, tocou os Beatles, "And I love her" - para mim, uma "confirmação" de que eu estava no caminho certo.

Detalhe: era 13 de fevereiro, o dia do meu aniversário de vinte e dois anos.

Pela primeira vez na vida, eu passava aquela data longe da família e dos amigos - mas com Carlos, que encontrei na hora do almoço comendo pastel numa lanchonete.

Sentei ao lado dele e tentei puxar papo. Vendo o meu esforço, a atendente perguntou se eu era seu parente. Respondi discretamente que não, mas que "tinha conhecimento" de "gente de sua família".

Carlos abriu os braços e resmungou: "Eu não sei como é isso! Ela faleceu e renasceu outra vez!".

E se calou novamente.

Naquela noite, na frente do Mercado Municipal, nos confrontamos mais uma vez.

Decidi não abordá-lo. À distância, observei uma misteriosa alteração de sua postura física: vagarosamente, o corpo de Carlos desencurvava e perdia sua corcunda tão característica. A expressão de seu rosto também era outra. Seus olhos se abriram e um sorriso surgiu em seu rosto.

Pela primeira vez, Carlos se aproximou de mim por iniciativa própria.

E falou, falou, falou... Falou durante duas horas e meia ininterruptamente. Economia e Política eram os temas principais de sua elucubração.

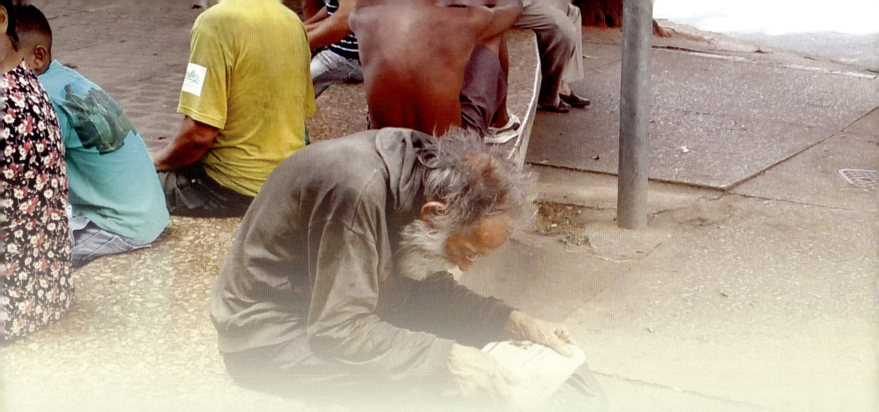

Contei sobre meu aniversário e ele me parabenizou.
Conversava muito próximo de mim, animado, como se fôssemos amigos de longa data.
Era outro Carlos, muito diferente do que eu conhecera até então.
O único assunto que evitava era Suzy King. Continuava avesso a qualquer comentário sobre ela.

Ainda assim, já no final do papo, tomei as rédeas e falei de tudo: a partida dela para os Estados Unidos, sua incessante busca por ele e a morte no parque de trailers.
Carlos quis saber a causa da morte, o ano e a idade que ela tinha então.
Por fim, perguntei se podia escrever um livro sobre sua mãe, ao que ele respondeu: "Se você quiser, tudo bem. É a vida dela, a história dela. Não cabe a mim decidir.".

Perguntei se ele aceitaria deixar Valadares para morar comigo. Polidamente, me agradeceu e disse que estava fora de cogitação.

A despedida foi calorosa e - emocionado com aquele presente de aniversário que ganhara do Universo - o vi desaparecer em meio à penumbra da noite.

Ainda vi Carlos mais uma vez, na tarde seguinte, pouco antes de embarcar de volta para São Paulo.
Ele estava ocupado lendo o jornal do dia - o sensacionalista "Super Notícia", seu preferido - e agiu como se toda a conversa da noite anterior nunca tivesse acontecido.
Só me restava partir e entender que as nossas vidas não deviam seguir juntas.

Pelo resto do ano, me mantive informado sobre as atividades de Carlos através das notícias que me davam Maria e as assistentes sociais da cidade.
Em outubro, consegui publicar no "Super Notícia" uma nota de felicitações por seu aniversário de oitenta e dois anos e soube que ele leu e gostou.

Quando anunciei nos meus círculos que iria novamente para Valadares em janeiro de 2015, ninguém entendeu o motivo - nem eu.
Justifiquei explicando que faria uma última tentativa de obter informações sobre Suzy.
Afinal, ele ainda não me contara suas preciosas lembranças sobre ela.

Novamente viajando de ônibus durante horas, segui rumo à já familiar Valadares pela terceira vez.
Me hospedei no Hotel Rio Branco e fui a uma farmácia próxima para comprar alguns utensílios de higiene pessoal. De repente, bati os olhos num grande espelho e... Quem estava refletido lá? O próprio Carlos, lendo um folheto na calçada.

Aquele instante em que o vi no espelho me trouxe uma revelação importante: eu não tinha viajado para saber nada sobre Suzy King - tudo o que eu queria era rever Carlos.

Saí da farmácia e o cumprimentei. Ele foi receptivo e começou a falar. Duvidei que tivesse me reconhecido.
"O senhor se lembra de mim?", questionei.
"Claro!".
"Mas lembra mesmo? Sabe o meu nome?", insisti.
"Como não lembraria, Sr. Alberto?".
Só isso já valeu toda a viagem!

Comentando uma porção de assuntos do momento, Carlos aproveitou a oportunidade para me sugerir dois títulos de livros - que ele pretendia escrever, mas estava sem tempo, razão pela qual eu poderia usá-los: "Os maus selam seu destino" e "A vitória é dos justos".
Continuava evitando qualquer referência a Suzy, mas parecia contente por me ver.

Nessa temporada em Valadares, o encontrei com diferentes temperamentos.
Em um encontro posterior, por exemplo, ele foi extremamente hostil: "Me deixa em paz!", bradou.
No mesmo dia, mais tarde, me presenteou afetuosamente com uma garrafa térmica que achara no lixo.

Foi gentil quando me despedi dele, prestes a embarcar de volta "para a minha vida".
E eu fiz o longo trajeto de ônibus pensando que essa sim tinha sido "a última vez".

Em agosto daquele ano, eu e Camarero publicamos nosso livro sobre as faquiresas do Brasil, "Cravo na Carne - Fama e Fome", com Suzy King na capa.
Promovemos lançamentos em diversas cidades - São Paulo, Campinas, Rio de Janeiro, Recife - e fomos a Belo Horizonte para que a principal inspiração do livro, a Faquiresa Verinha, o recebesse diretamente de nossas mãos.
Prestes a viajar para a capital mineira, recebi de Governador Valadares uma notícia surpreendente: Carlos tinha sido visto embarcando num ônibus para Belo Horizonte!
Sem perder tempo, liguei para os serviços assistenciais da capital e fui informado de que ele estava mesmo lá, "morando" nas calçadas perto da rodoviária.

Viajei para Belo Horizonte de ônibus dias antes de Camarero.
E - quem diria? - lá estávamos nós frente a frente de novo, eu e Carlos.

Feliz com a surpresa da minha aparição, ele só se zangou comigo quando mencionei sua mãe: "Mas você já não descobriu tudo sobre ela? O que mais você quer saber?".
Como se negasse a receber das minhas mãos um exemplar de "Cravo na Carne", tive a ideia de deixar o volume ao seu lado quando estivesse dormindo. Fiz isso numa tarde e tive que ficar "de guarda", espiando de longe para que ninguém roubasse o livro antes de seu despertar.
Vi Carlos folheando demoradamente o livro com sua mãe na capa - mas nunca soube o que fez com ele depois.

Vivemos uma noite muito especial em Belo Horizonte.
O encontrei sentado na frente de uma farmácia, fumando, e ele estendeu um jornal para que eu ficasse ao seu lado na calçada.
Conversamos sobre os mais diversos assuntos durante horas e, por um instante, tive a certeza de que seria mais fácil eu deixar o meu modo de vida para me tornar um andarilho, acompanhando Carlos em suas aventuras, do que o contrário.

Na tarde em que fiz a viagem de volta, chovia muito em Belo Horizonte e, a caminho do aeroporto, atravessei o centro da cidade de táxi tentando avistar Carlos pelo vidro embaçado da janela do carro.
Um nó na minha garganta e um aperto no meu peito se avolumavam à medida que o táxi deixava a cidade para trás.

Mas ainda não era "o fim"!

Quem acreditaria se eu contasse que em setembro de 2016, viajei para outra cidade mineira, Juiz de Fora, para entrevistar uma senhora nonagenária, importante testemunha de outra pesquisa histórica em que eu estava envolvido, e Carlos me esperava lá, distraidamente, vivendo nas ruas do centro?

Quem acreditaria se eu dissesse que me hospedei num antigo hotel na mesma rua em que ficava a galeria onde Suzy King jejuou em Juiz de Fora sessenta anos antes e dei de cara com Carlos exatamente naquele quarteirão logo no meu primeiro passeio pelas redondezas?

Quem acreditaria se eu relatasse os acontecimentos da semana que passei ali?
Eu mesmo duvidaria se não tivesse vivido tudo aquilo!

A cada encontro com Carlos em Juiz de Fora, seu estado emocional era diferente.
Conversava comigo, me ignorava, me ouvia e me mandava embora - eu nunca podia saber qual Carlos encontraria na próxima tentativa de aproximação.
Essa viagem rendeu episódios tragicômicos, como a ocasião em que imprimi uma série de poemas que escrevi sobre Carlos e uma fotografia de Suzy King e deixei em seu caminho, esperando que ele encontrasse e lesse - o que aconteceu realmente.
Por um instante, porém, Carlos se distraiu e deixou os papéis de lado.
Foi a deixa para que a fotografia chamasse a atenção de uma senhora muito bem-apessoada e elegantemente trajada que ia passando por ali. Ela olhou bem a imagem, deu uma lida nas folhas e...
Enfiou tudo na bolsa!
Quando Carlos se deu conta, o material todo tinha sumido. E eu, observando à distância, nem pude fazer nada para impedir!

Depois desse encontro em Juiz de Fora, passei dois anos sem ver Carlos pessoalmente.
Nesse período, de Governador Valadares, recebi a notícia - através da assistente social Amanda Brito - de que ele estava vivendo em um quarto alugado numa casa de cômodos situada na Rua José Luiz Nogueira, 120.

Telefonei para a senhora que alugava o quarto, Nilza Maria Pena Ramos.
Evangélica, ela me contou que estava voltando da igreja para casa em certa noite chuvosa quando cruzou com Carlos, completamente molhado.
Sem pensar muito a respeito, Nilza o abordou: "Por que o senhor vive na rua? Se for por não ter um lugar para morar, saiba que alugo quartos e alugaria um para o senhor de bom grado.".
Chorando, Carlos agradeceu: "Foi Deus que te enviou! Ainda há pouco, me ajoelhei na calçada e supliquei a Ele: 'Se o Senhor existe, envia um dos teus filhos para me tirar da rua!'".
A partir de então, ele passara a viver em sua casa de cômodos.

Antes disso, embora se mostrasse altivo e "gostando" de viver na rua, Carlos vivia um drama: mesmo tendo sua aposentadoria e podendo pagar o aluguel de um cômodo, não achava quem aceitasse alugar um quarto para ele.
Preconceituosamente, os locatários o julgavam por sua aparência física e diziam que "a vaga já foi ocupada" quando ele os procurava.

Após a minha ligação, Nilza passou a me mandar notícias e fotografias de Carlos com frequência.

E em outubro de 2018, me vi novamente na estrada com destino a Governador Valadares.
Pela primeira vez, eu passaria o aniversário de Carlos ao lado dele: oitenta e seis anos!

Desembarquei de manhãzinha e fui direto para a casa de Nilza, que me recebeu com muita simpatia.
Fiquei no quintal esperando Carlos acordar. Quando finalmente ele deixou seu quarto, não quis muita conversa. Aceitou as minhas felicitações e já foi saindo para a rua montado em sua bicicleta.
Convencido de que essa era mesmo a minha sina, fiz a única coisa que podia: o segui.

Na frente do Mercado Municipal, ele sentou na calçada para ler o jornal do dia.
Me aproximei e entreguei a ele uma carta que escrevera dias antes, ainda em São Paulo.

A carta tinha oito páginas, ao fim das quais eu concluía:

"Sr. Carlos, acho que devo admitir: andei pelo Brasil, pelo México, pelos Estados Unidos da América, mas tudo o que quero saber sobre Georgina está em Governador Valadares e são as lembranças do senhor.
Sr. Carlos, o senhor não sabe, não faz ideia, mas as tuas memórias são para mim o tesouro mais valioso do mundo.
Eu busquei por toda parte esse tesouro, mas ele está encerrado nas profundezas da tua mente e do teu coração.
Esta é a sexta vez que ficamos frente a frente, Sr. Carlos.
Eu estou ao teu lado e te peço esse presente, embora o aniversariante seja o senhor: converse comigo sobre Georgina e os anos em que conviveu com ela.
Não desejo nada no mundo mais do que ter essa conversa com o senhor.
Me dê essa felicidade, por favor."

Carlos leu a carta atentamente.
Ao terminar, sorriu, suspirou e falou: "Quando fui ao Rio de Janeiro pela última vez, a casa de cômodos na Rua do Rezende, 87, ainda estava lá." - é que na carta, eu contava que o prédio tinha sido demolido recentemente.

Então conversamos.
Cinco anos depois de nosso primeiro encontro, Carlos finalmente falou sobre sua mãe.
Me chamou a atenção o fato de que ele não se referia a Suzy como "minha mãe", mas sim como "a Georgina", "ela" e "essa aí".
Apesar disso, contou algumas histórias, respondeu perguntas que lhe fiz e, após algum tempo, cortou o papo: "O que passou, passou. Já passou. Não tem que ficar lembrando. É assunto encerrado.".

Refletindo sobre os descaminhos que impediram seu reencontro com Suzy, sugeriu o nome de um livro sobre a história dos dois: "O destino é quem manda".

Montado em sua bicicleta, Carlos partiu, me deixando num legítimo "estado de graça".
Mais tarde, me abordou para devolver a carta: "Fala de coisas muito importantes. Se ficar comigo, pode ser roubada.". Nesse segundo encontro, prometeu que iria se despedir de mim na rodoviária no dia seguinte.

Meu ônibus ia sair às dezoito horas e Carlos chegou para me esperar às catorze - e eu já estava lá, é claro.
Levei um susto quando percebi que naquele momento, entre nós dois - pintado na mesa de concreto em que distraidamente eu me sentara - havia um tabuleiro de xadrez.

Passamos as quatro horas seguintes conversando, sentados no chão na frente da rodoviária.

Nessa tarde, ele me contou que retornara a Copacabana para procurar Suzy no início dos anos 1980: depois de vinte anos vagando pelas ruas longe da mãe, tinha decidido que era o momento de se reencontrarem.
Quando chegou no edifício em que vivera com ela na Avenida Nossa Senhora de Copacabana, não encontrou o antigo porteiro nem moradores que se lembrassem dela. Pelo contrário, foi tratado muito mal e enxotado do prédio.
Mas ainda havia uma esperança: Lia. Era a única amiga de Suzy. Se havia alguém no Rio de Janeiro que saberia dizer a ele por onde andava sua mãe, essa pessoa era Lia.
Ela também morava em um apartamento em Copacabana, a poucos passos dali.
Ao ver Carlos, Lia levou um susto: "Por que você fez isso? Ela está desesperada!", exclamou - e contou para Carlos sobre sua mudança de identidade e de país.

Ele achou a história fantasiosa e duvidou: "Mas quem garante que isso é verdade? Talvez ela tenha morrido e você esteja mentindo para mim.", replicou.
Lia não hesitou: foi até uma gaveta e pegou uma pilha de cartas.
Carlos leu tudo atônito: ao longo de sua trajetória pelo exterior, Suzy escrevera dezenas de cartas para a amiga, narrando todas as aventuras e desventuras de sua nova vida.
O endereço da última carta era de um parque de trailers na Palomar Street, em Chula Vista.
Foi para esse endereço que Carlos escreveu, aguardando a resposta de Suzy ansiosamente.
Cerca de um mês depois, recebeu a carta de volta: ela tinha se mudado.
Para Carlos, a devolução de sua carta marcava o ponto final de sua história com a mãe.
Por alguns meses, ele viveu nas ruas do Rio de Janeiro e não procurou mais por Lia. Finalmente, foi acolhido pela operação de recolhimento de população de rua que o enviou para Belo Horizonte em 1984.
Suzy King era um capítulo encerrado em sua vida, acreditava Carlos.
Porém, trinta anos depois, seu encontro comigo mudaria os rumos dessa história e ele teria que encará-la outra vez.

Da janela do ônibus, vi Carlos apoiado nas grades da rodoviária assistindo a minha partida.
Eu estava ao mesmo tempo feliz pelo novo vínculo criado entre nós e triste por deixá-lo.

Dessa vez, nosso reencontro não demorou muito para acontecer: em junho de 2019, já estávamos juntos de novo.
"O senhor se lembra dele?", perguntou Nilza assim que cheguei na casa de cômodos, ao que Carlos respondeu: "Um grande amor não se esquece.".

Surpreendentemente afetuoso, cantarolando Ray Charles ("I can't stop loving you") e Gilberto Alves ("Algum dia eu te direi"), Carlos passou o fim de semana todo ao meu lado, no quintal.
Almoçamos e jantamos juntos, tomamos muitos cafés e conversamos longamente.

Nessa temporada, conheci vários Carlos. Seu temperamento se transformava a todo instante e eu ia compreendendo como lidar com cada um de seus estados emocionais.
Descobri, por exemplo, que seus olhos azuis se tornavam opacos quando ele não estava bem mentalmente e brilhavam muito em seus momentos de lucidez.

De Governador Valadares, fui para o Rio de Janeiro. Isso já estava planejado, mas eu não queria deixar Carlos e saí dali muito triste.
Quando saí de um dos metrôs de Copacabana, comecei a chorar.

Vaguei pelas ruas do bairro sentindo uma dor tremenda - a mesma que sentira no quarto do hotel depois de estar com ele pela primeira vez.

Diante daquela tristeza que parecia insuportável, tomei uma resolução: suspendi meu planejamento "carioca" e regressei a Valadares!

Carlos me recebeu surpreso e feliz. Na verdade, parecia não caber em si de satisfação.
"Eu sempre quis ter um amigo!", deixou escapar.

Passei mais um fim de semana com ele.
Nem tudo eram flores: em certo momento do domingo, uma de suas mudanças de humor me magoou um pouco - mas compreendi que se tratava de uma força interior maior do que ele.

Tanto que, apenas três meses depois, em outubro, eu já estava de volta a Valadares para comemorar seu aniversário de oitenta e sete anos.

Comemos bolo, ouvimos muitas músicas juntos e também "A Voz do Brasil", seu programa de rádio favorito.

Eu estava decidido a viajar para vê-lo de três em três meses.
Não podia imaginar que a pandemia de coronavírus de 2020 impediria a realização imediata dos meus planos.

Por alguns meses em 2020, Carlos deixou seu quarto alugado e voltou para as ruas de Valadares - ninguém entendeu o motivo.
Foi assaltado diversas vezes e acabou procurando um albergue - onde a assistente social Karina Lopes Colodetti conseguiu criar um vínculo com ele, que passou a dormir no local todas as noites.

Gentilmente, Karina promoveu uma chamada de vídeo através de seu celular para que eu e Carlos pudéssemos conversar durante a pandemia.
Nessa chamada, pela primeira vez diante de mim, ele se referiu a Suzy King como "minha mãe". Foi emocionante!

Carlos não escapou do coronavírus: em uma de suas saídas para a rua, ficou doente e chegou a ser internado com febre.
Avisado por Karina, chorei muito - tinha certeza que perderia meu amigo!

E quando já estava curado, se negou a deixar aquela área por um bom tempo: estava sozinho lá e tinha "privilégios" dos quais não queria abrir mão - por exemplo, um banheiro individual.

Quando deixou a tal área isolada, também foi embora do albergue: voltou para a casa de cômodos de Nilza, que jamais recusaria um cantinho para ele.

No dia em que este relato foi escrito - 25 de setembro de 2020 - recebi logo cedo uma mensagem de voz de Nilza: Carlos tinha perguntado por mim e ela sugeriu gravar um áudio no celular para ele me dizer o que queria.

O áudio ficou assim: "Era só pra saber, Seu Alberto. Felicidades! Eu me lembrei... É isso.".

Carlos em pintura de Alberto Camarero

 Depois de ouvir a história de Carlos sobre as cartas que sua mãe escrevia para Lia, descobrir a pista da melhor amiga de Suzy King se tornou uma obsessão para os Albertos. Essas cartas poderiam ser a chave para desvendar muitos mistérios de sua obscura trajetória.

Mas não era tão simples: Carlos não sabia o nome real de Lia nem se lembrava de seu endereço exato. Também desconhecia sua profissão ou qualquer outro detalhe sobre sua vida.

Mesmo assim, essa história povoou o imaginário dos Albertos por alguns meses.
Finalmente, em abril de 2019, a dupla decidiu se empenhar nessa busca. Era impossível continuar vivendo sem descobrir se as tais cartas ainda existiam.
No final daquele mês, os Albertos conseguiram despertar o interesse do jornalista Bolívar Torres sobre a busca por Lia.

Bolívar escrevera uma reportagem sobre "Cravo na Carne - Fama e Fome" quando o livro foi lançado e conseguiu emplacar a nova pauta no jornal carioca "O Globo".
Traçando um perfil de Suzy King e do trabalho de resgate da memória nacional feito pelos Albertos, Bolívar pediu aos leitores que escrevessem à dupla se tivessem qualquer informação sobre Lia.

Quando a reportagem de Bolívar Torres foi publicada, os Albertos estavam no Rio de Janeiro, onde passaram alguns dias procurando por Lia em Copacabana. Era como procurar uma agulha em um palheiro e a dupla não obteve resultados.
De toda forma, a publicação da história no jornal "O Globo" estimulou os Albertos a continuarem procurando.

De volta a São Paulo, a busca se tornou ainda mais intensa.
Listas telefônicas antigas eram consultadas, muitos telefonemas eram feitos e Carlos era contatado diariamente através de Nilza, a senhora que alugava um quarto para ele na época.

Pelo WhatsApp, Nilza ia passando as informações que conseguia com Carlos sobre Lia. A cada dia, ele revelava uma nova pista ou se lembrava de um novo detalhe.
Dessa maneira, os Albertos conseguiram saber que Lia era magra, mais velha do que Carlos, não tinha marido nem filhos e era a proprietária do apartamento em que morava - e esse era situado no primeiro andar de um prédio de número ímpar na Avenida Nossa Senhora de Copacabana.
Carlos também se lembrou que havia uma lanchonete quase na frente do prédio.
Finalmente, pôs um fim no interrogatório que se estendia dia após dia: "Já falei tudo o que sabia.".

As novas informações dadas por Carlos afunilavam a busca, mas ainda eram insuficientes.
A partir delas, os Albertos tentaram uma porção de coisas: entre as quais - com a preciosa ajuda da amiga Paula Toledo - o envio de cartas a cada um dos prédios de número ímpar da extensa Avenida Nossa Senhora de Copacabana perguntando se síndicos, porteiros e moradores se lembravam de uma mulher que pudesse ser Lia.

Em junho de 2019, a ansiedade que envolvia a busca por Lia era tão grande que os Albertos decidiram dar um basta na história: uma última tentativa seria feita e a história das cartas seria esquecida de uma vez por todas se Lia não fosse encontrada dessa vez.

Assim, Alberto de Oliveira viajou sozinho para o Rio de Janeiro com a missão de bater em todos os prédios de número ímpar da Avenida Nossa Senhora de Copacabana perguntando sobre Lia.

Era uma segunda-feira, 10 de junho de 2019: logo depois do almoço, Oliveira iniciou sua saga.
Parecia uma missão impossível, pois quase todos os porteiros diziam que trabalhavam há pouco tempo em seus respectivos prédios e não podiam afirmar que nenhuma Lia tivesse morado no primeiro andar nas últimas décadas.

Mesmo assim, cheio de esperança, Oliveira foi batendo de prédio em prédio até chegar no edifício Valparaíba, na Avenida Nossa Senhora de Copacabana, 331, ao lado do anexo do hotel Copacabana Palace.

Em vez de falar com o porteiro, que parecia jovem demais para se lembrar de Lia, Oliveira optou por falar com o atendente de uma das lojas embaixo do prédio.
Muito simpático, o homem disse não se lembrar de Lia, mas apontou um senhor que segurava uma escada para um rapaz que trabalhava na fachada do edifício: "Aquele é o síndico do prédio.", explicou, "Ele saberá dizer se essa mulher morou aqui.".

Lia,

Jacob Kogut, o síndico, ouviu Oliveira e disse que duas Lias moraram no Valparaíba por muitos anos.
Uma delas tinha tudo para ser a tão procurada Lia: era magra, vivia sozinha, não tinha filhos e morava no apartamento 201, no primeiro andar (oficialmente, o segundo, pois vários prédios em Copacabana consideram o térreo como o primeiro andar).

Segundo Jacob, essa Lia morrera há mais de vinte anos e seu apartamento ficara vazio por muito tempo depois disso, chegando mesmo a pegar fogo, pois corria na justiça um processo relacionado à sua posse, visto que ela deixara dívidas com o edifício.
O síndico não sabia seu nome completo nem podia afirmar que fosse mesmo a amiga de Suzy King.

Nas horas que seguiram, pesquisando em diversas fontes documentais, Oliveira chegou ao nome da Lia do Valparaíba: Emília da Silva.

No dia seguinte, para que não restassem dúvidas, Oliveira bateu no restante dos prédios de número ímpar da Avenida Nossa Senhora de Copacabana: nenhuma outra Lia foi descoberta.

Como não existissem outras possíveis Lias em vista naquele momento, os Albertos se aprofundaram na vida da antiga moradora do Valparaíba procurando evidências que confirmassem sua amizade com Suzy King.

Uma das primeiras referências encontradas nesse sentido veio do Arquivo Nacional.
Duas fichas do acervo da Delegacia de Costumes e Diversões do Rio de Janeiro - atualmente sob a guarda da referida instituição - traziam informações sobre Emília da Silva: uma delas era um Registro de Artista e a outra uma Carteira de Identificação de Dançarina, ambas datadas de meados dos anos 1940.
Essas fichas confirmavam que Emília da Silva usava o nome Lia e indicavam que ela foi bailarina e trabalhou no famoso dancing Avenida entre 1944 e 1947, provavelmente como táxi-girl.

A partir desses documentos e de outros encontrados em cartórios de registro civil e processos judiciais, foi possível traçar uma breve biografia de Emília.

Nascida na capital carioca no dia 01 de agosto de 1913, era filha de Joaquim da Silva e Luiza da Silva.
Em 1931, se casou com o português João Rigueira no Rio de Janeiro. O casal teve uma filha - Luiza da Silva Rigueira - meses depois do matrimônio. Essa menina faleceu por consequência de uma intoxicação alimentar (toxicose) aos cinco meses de idade.
Quatro anos depois, o casal se desquitou. Em 1941, João faleceu e ela foi oficialmente viúva pelo resto de sua vida.
O apartamento 201 da Avenida Nossa Senhora de Copacabana foi adquirido por Emília em meados da década de 1940, quando o prédio foi inaugurado.
Ela tinha apenas um irmão, Jorge da Silva, falecido em 1980. Lea Cardoso da Silva, a única filha de Jorge, era a herdeira de Emília, mas perdeu o processo pela posse de seus bens para o edifício Valparaíba, que leiloou o apartamento.

Quando faleceu, no dia 24 de dezembro de 1997 no Hospital Municipal Miguel Couto, no Rio de Janeiro, Emília vivia em um Centro de Atendimento à Terceira Idade no bairro carioca de Higienópolis sob os cuidados de uma curadora chamada Magda dos Santos Lucena.

As bailarinas do dancing Avenida em 1944

Para completar, um antigo porteiro do Valparaíba - José Gomes de Paula - foi localizado no interior de São Paulo e afirmou se lembrar de ter visto várias cartas antigas enviadas dos Estados Unidos e endereçadas para "Lia da Silva" quando, após o incêndio no apartamento 201, uma empresa profissional de limpeza foi contratada para recolher o que sobrara em seu interior. Segundo ele, as cartas teriam sido recolhidas em um saco que, provavelmente, seria incinerado mais tarde.

Lea, a sobrinha de Emília da Silva, foi localizada em Rio Claro, no estado do Rio de Janeiro.

Sem encontrar nenhum número de telefone ou e-mail de Lea, os Albertos precisaram da ajuda de Cláudia, uma antiga conhecida dela que se prontificou a procurá-la pessoalmente para saber se ficara com algo da tia.
A resposta veio por WhatsApp: Lea nunca tivera conhecimento da possível amizade entre Emília e Suzy King e não guardava nada da tia, pois a notícia de sua morte demorou para chegar até ela e, quando isso aconteceu, o apartamento já tinha sido - em suas palavras - "devastado".

Novas informações sobre Emília da Silva foram colhidas entre antigos vizinhos.
Para aumentar sua renda, alugava os quartos de seu apartamento. Até o cantor Bob Nelson foi seu inquilino durante algum tempo. Com o passar dos anos, ela passou a dividir todos os cômodos com muitas placas de madeira, inclusive seu próprio quarto. Dormindo na sala, alugava cada um daqueles pequenos espaços.
Em seus últimos anos de vida, mentalmente perturbada, Emília brigava muito com os vizinhos e promovia confusões nos corredores do prédio.

De volta ao Rio de Janeiro em outubro de 2019, Oliveira abordou alguns transeuntes em Copacabana tentando encontrar pessoas que se lembrassem de Lia.
Em um bar situado exatamente na frente do Valparaíba, uma senhora apontou a janela do apartamento 201: "Quem vivia ali era a Tia Emília.".
E contou que a "Tia Emília", uma boêmia inveterada, costumava beber pelos bares das redondezas até o fim da vida. Não raramente, depois de uma noitada mais animada, voltava para casa carregada pelos companheiros de copo, mal podendo parar em pé.
"Diziam que a Tia Emília tinha sido bailarina do Copacabana Palace. Dançando lá, conheceu um milionário estrangeiro. Esse apartamento foi presente dele.", confidenciou a senhora do bar, que fez questão de deixar bem claro que era muito mais jovem do que a "Tia Emília": "Quando cheguei em Copacabana, ela já era meio velha.".

Com tudo o que os Albertos descobriram sobre Emília da Silva, ainda não era possível afirmar que era ela a Lia amiga de Suzy King, que recebia suas cartas e contara a Carlos as últimas aventuras de sua mãe.
O próprio Carlos, ao ver a única fotografia de Emília da Silva encontrada, datada dos anos 1940, não soube dizer se era ou não a Lia que ele conhecera.

Desanimados, os Albertos cogitaram admitir que jamais teriam essa resposta.

Mas uma reviravolta inesperada finalmente desvendou o mistério de Lia em março de 2020.

Denise Elliott - a mulher norte-americana que, diretamente de Chula Vista, colaborou de diversas formas com a pesquisa dos Albertos - conseguiu uma porção de documentos relacionados à imigração de Suzy King para os Estados Unidos e sua naturalização como cidadã norte-americana.
Um e-mail de Denise enviado para os Albertos no dia 25 de março de 2020 trazia em anexo essa vasta documentação, incluindo uma página esclarecendo o mistério da identidade de Lia.

Estava lá, declarado pela própria Suzy King em 1971, o nome "Emília Silva" como sendo a pessoa viva mais próxima dela em seu país de origem.

Sim: Emília da Silva era a Lia que os Albertos buscaram com tanta intensidade.

Se as cartas que Suzy King enviou para ela realmente se perderam para sempre é uma dúvida que persiste.
Ainda resta a esperança de que tenham sido salvas da incineração e do lixo e chegado às mãos de um vendedor ou colecionador de cartas antigas - ou de qualquer pessoa que as preserve, ciente ou não de seu valor histórico.

Fuçando

INDIANY
a Índia Flecha Ligeira

Buscando informações sobre Suzy King, os Albertos percorreram dezenas de lugares e falaram com centenas de pessoas.
Um dos locais "fuçados" pela dupla foi o Centro de Memória do Circo, em São Paulo, onde conheceram a diretora da instituição, Verônica Tamaoki.

Tempos depois, Verônica fez a ponte entre os Albertos e a artista Indiany, a Índia Flecha Ligeira.
E embora Indiany nunca tenha ouvido falar sobre Suzy King, esse encontro foi essencial para compreendê-la melhor.

Artista de circo, teatro de revista e boate nascida em 1942 - portanto, de uma geração mais nova do que a de Suzy King - Indiany também dançou com cobras durante muitos anos.
Além de encantadora de serpentes, atuou como lutadora circense, pirofagista, dançarina burlesca, vedete, atriz, compositora, dramaturga e poeta entre as décadas de 1960 e 1990.

Afastada dos palcos por vinte anos, Indiany voltou a se apresentar em público em 2018, em show produzido pelos Albertos no Cabaret da Cecília, em São Paulo.
Essa apresentação marcou o início de uma nova fase de sua carreira, se desdobrando em atuações em casas noturnas, teatros e no cinema.

Aos poucos, os Albertos foram percebendo que os bailados ofídicos e as múltiplas habilidades artísticas não eram os únicos pontos em comum entre Indiany e Suzy King.
De personalidades fortes muito parecidas, ambas compartilhavam a disposição e a coragem de se lançar nas mais arriscadas aventuras para garantir a diversão do público e o pão de cada dia.
Na luta diária pela sobrevivência, tanto Indiany quanto Suzy King encontraram caminhos originais, exóticos e intrépidos para se manifestarem, enchendo de brilho e glamour suas vidas repletas de dificuldades e obstáculos.

Aos sessenta e sete anos, Suzy King ainda preservava em seu trailer em Chula Vista suas fantasias e seus trajes de palco, acalentando o desejo e a esperança de retomar a carreira interrompida há mais de uma década.
Ela morreu antes de completar sessenta e oito sem concretizar esse sonho.

Quando os Albertos conheceram Indiany, ela também preservava os maiôs de vedete e lutadora, os biquínis de stripper e as fantasias de rumbeira, odalisca, Carmen Miranda e pombagira que tantas alegrias tinham lhe proporcionado nos anos de glórias e aplausos.

Prestes a completar setenta e seis anos, Indiany realizou seu sonho, provando que "artista não tem idade" e usando seus conhecimentos de corte e costura para readaptar todos aqueles maiôs, biquínis e fantasias às novas formas de seu corpo.

Muitas vezes, os Albertos vislumbraram Suzy King no comportamento e nas vigorosas apresentações de Indiany.

Uma jiboia chamada Suzy King

O amor de Suzy King pelas serpentes inspirou o batismo de uma jiboia com seu nome.

Adotada por Alberto de Oliveira em 2019, a carismática cobra ficou conhecida carinhosamente como Suzynha e conquistou um séquito de fãs virtuais em pouco tempo por conta dos flagrantes de seu agitado cotidiano postados em redes sociais como o Facebook e o Instagram.

Fazendo jus ao nome que ganhou, Suzynha não demorou para revelar seus dotes artísticos e sua carreira decolou mais rápido do que se podia imaginar: em apenas um ano, seu currículo já listava participações em filmes, videoclipes e espetáculos.

Embora muito mimada pelos padrinhos Maura Ferreira e Alberto Camarero, Suzynha deu certo como artista justamente por não se deixar "estragar" com tantos mimos.
Profissionalíssima em qualquer situação, jamais pediu arrego antes do último take, se destacando ainda por sua versatilidade e pela capacidade de se adaptar a qualquer condição ao desempenhar um papel - seja como partner dos impetuosos bailados de Indiany ou rastejando no calor do "deserto" de Itupeva.

Residindo no terceiro andar de um prédio que já foi hotel em pleno centro de São Paulo, Suzynha é motivo de grandes rumores e fofocas na vizinhança.

"Vocês sabiam que ali mora uma cobra?", perguntou uma jovem a duas amigas em certa feita quando passavam na frente do prédio, sem imaginar que o próprio "pai" da dita-cuja, Oliveira, estava parado no portão, ouvindo o disse me disse sensacionalista.

Ali mora uma cobra sim, queridinhas... Mas uma cobra artista - que fique claro!

Suzy King, o filme
ou
A senhora que morreu no trailer

"Ela queria ser artista de cinema... Imagine!", comentou o filho de Suzy King, Carlos, em conversa sobre sua mãe com os Albertos em 2019.

O sonho de estrelar uma película não foi realizado em vida, mas o que Suzy King não podia imaginar é que sua história inspiraria um filme: o longa-metragem "A senhora que morreu no trailer", dirigido pelos Albertos, gravado entre 2019 e 2020 e lançado pela DGT Filmes.

Para interpretá-la, a dupla recrutou um elenco estelar: em ordem alfabética, Divina Valéria, Helena Ignez, Índia Rubla, Indiany, Julia Katharine, Márcia Dailyn, Maura Ferreira, Odre Consiglio, Regina Müller e Zilda Mayo - cada uma representando uma diferente faceta de Suzy King.
Além delas, Divina Nubia, Jadde Johara, Marta Vidigal e Toscha Comeaux filmaram participações especiais e alguns homens se juntaram ao time: André Silva, Danilo Dunas, Fabiano do Nascimento, John Spindler e Todd Hunter.
Os Albertos também contaram com depoimentos de Angela Quinto, Arthur Husted, Esther Pearson e Jim Wilson, a participação especial de Carlos, a preciosa colaboração de Denise Elliott e Chip Jones, a narração personalíssima de Eduardo Cabús, um belo arranjo de Gabriel Spindler para uma composição da própria Suzy King e as presenças marcantes das cobras Suzy King, Gesse e Osíris.
A montagem e a finalização de cor e imagem foram feitas por Sergio Gag e a finalização de som por Fernando Sobreira.

O resultado foi um filme que foge dos rótulos de ficção, biografia ou documentário para se tornar uma poesia cinematográfica sobre Suzy King.

nos bastidores do FILME

Em 2018, os Albertos procuraram a família de Flavia Gutierrez, a última esposa de Bill Bailey, em sua residência em San Diego.
Flavia já tinha falecido e eles foram atendidos por uma de suas filhas.
Quando perguntaram sobre Suzy King, ela apenas respondeu vagamente, em espanhol: "Ah! Sí... La señora que se murió en el trailer.".

Impactados por essa frase - que reduzia tudo o que Suzy King foi e representou a uma simples velhinha encontrada morta num trailer - não conseguiram mais esquecê-la.

Quase como uma provocação, a dupla decidiu torná-la título do filme que busca ressignificar Suzy King, "a senhora que morreu no trailer".

Suzy King, a canção
ou
Alone

Uma das formas mais poéticas de se eternizar é se transformar em uma canção: ganhar o corpo etéreo de uma melodia e ter sua alma refletida em versos.

Os últimos anos da vida de Suzy King serviram de inspiração para a canção "Alone", composição dos norte-americanos Todd Hunter, Toscha Comeaux e Linda Hunter feita especialmente para o filme "A senhora que morreu no trailer" a pedido dos Albertos.
Com Todd Hunter no piano e o brasileiro Fabiano do Nascimento no violão, Toscha Comeaux gravou a música para o longa-metragem.

A CANÇÃO EM FOCO

Alone

she sits alone with her memories
forced in a world of solitude
how did she get there? no one cares

so far from what she was
they only saw who she became
no one cared if she missed the land
that knew her name

a warm August day
life slipped away
are your dreams too big a price to pay?

there for all the world to see
she hid the shattered pieces
from the whispers of broken dreams

why did she stay in the trailer?
was she trapped or just resigned?
did she know her life was over?

much more than they
could ever see
the photos on her wall that set her free

her spirit stayed
but her life slipped away
are your dreams too big a price to pay?
are your dreams too big a price to pay?

Toscha Comeaux

Rizoma, performance e liberdade de ser

por Regina Polo Müller
antropóloga e atriz

Venho acompanhando e participando da obra dos Albertos - este é o terceiro ensaio incluído em suas publicações - que aborda o que chamam de mulheres transgressoras, as "tipas", performáticas marginalizadas. Por isso mesmo, desconhecidas. Descobri-las e torná-las agora famosas através de suas pesquisas e publicações tem sido uma motivação existencial e política para a qual os Albertos vêm me envolvendo através de minhas reflexões antropológicas.

A arte da performance e a marginalidade abjeta e sedutora das faquiresas foi o foco de minha participação no livro "Cravo na Carne: Fama e Fome - O Faquirismo Feminino no Brasil".

Em "Tetragrammater - O Glamour Midiático das Mulheres de Deus", abordei um certo "ativismo artístico" das sacerdotisas na afirmação da igualdade de gênero.

"Suzy King, a Pitonisa da Modernidade" é uma história de amor, pois os autores propõem ao leitor conhecê-la e, desse modo, passar a amá-la como eles próprios.

A epígrafe do livro, tirada da letra de "And I love her" (Lennon/McCartney), já nos avisa: "...and if you saw my love/you'd love her too...".

Por isso, abordar dessa vez a obra dos Albertos e definir, de modo objetivo, o foco de uma análise, foi o desafio inicial para a elaboração de minhas reflexões.

Antes de mais nada, entretanto, trata-se de uma etnografia como as demais obras, que desvelam biografias devidamente contextualizadas com descrições exaustivas de fatos e dados, instigando o leitor a se aprofundar nesses modos de vida peculiares e incomuns.

E, a partir mesmo desse material denso, tentei ir além da admiração pela trajetória de vida dessa mulher e levantar algumas questões.

A primeira e talvez a mais importante foi formulada ante a própria dificuldade de seguir uma linha de reflexão sobre gênero e feminismo, como no caso das faquiresas e sacerdotisas. Esses enfoques não apresentavam caminhos produtivos para se tentar compreender a complexidade da biografia de Suzy King/Georgina Pires Sampaio/Diva Rios/Jacuí Japurá...

Saltou então como questão instigante a identidade multifacetada, a incorporação de personas em transformações identitárias incessantes, sempre no âmbito feminino da definição de gênero, a saga de uma personalidade que se construía e se desconstruía.

Segundo o quebra-cabeça montado pelos Albertos, a vida de Suzy King é constituída por passagens entre planos existenciais e transformações de sua personalidade em personas - ou seja, metamorfoses que nos levam ao enigma de sua identidade.

Esse trecho do livro, sobre um dos encontros de Alberto de Oliveira com Carlos, o filho desaparecido, corrobora a necessidade de se aprofundar essa questão: "Ele ouvia e não dizia nada. Só abriu a boca quando mostrei de novo uma fotografia dela: 'Eu nunca soube se ela era ele ou se ele era ela. Até hoje, eu tenho essa dúvida.', murmurou enigmaticamente.".

A dúvida de Carlos certamente não se refere à identidade de gênero, mas talvez à variedade de personas com as quais ela se apresentava ao mundo e ao próprio filho enquanto conviveram ou enquanto ainda teve notícias dela.

Penso que essa personalidade transformacional vai além de uma representação de personagens na atuação como profissional da cena (seja como cantora, dançarina, vedete ou faquiresa). Trata-se de uma identidade performativamente constituída, de acordo com diferentes contextos e relações com o público, mas que, em sendo mulher e sensual, travestia-se dela própria.

Essa experiência de vida e arte me remete a uma de suas ídolas e modelo de transfiguração, Carmen Miranda. Escrevi certa vez que Carmen inventou o travestismo moderno, a partir da ideia de ser uma fantasia de si mesma, um eu sem centro, construindo seu próprio jeito de ser travesti de si mesma, uma personalidade fluida e aberta à ressignificação. E acrescentava que essa ideia de multiplicidade e descentralidade é que se pode associar à noção queer de teorias e movimentos políticos que pretendem "romper com binarismos e pensar a sexualidade, os gêneros e os corpos de uma forma plural, múltipla e cambiante" (Louro, 2001).

Apenas uma associação no caso de Carmen Miranda, ligar o travestismo de si própria a movimentos políticos dessa natureza definitivamente não funciona para pensarmos a experiência de Suzy King, mas permanece, contudo, comparável o "jeito de ser... a personalidade fluida e aberta à ressignificação".

Não somente pelo motivo de buscar um modelo de sucesso na sua carreira artística, mas provavelmente uma identificação existencial fez com que Suzy King em diversos momentos incorporasse a baiana de Carmen em seus números ou criasse personas inspiradas na atriz cantora. Como Diva Rios, a primeira, nos anos 1940, foi cantora e compositora de sambas e marchas. Mas também compunha e interpretava canções "indígeno-brasileiras" e regionais. Mais tarde, chegou a gravar, como Suzy King, marchinhas de Carnaval, também de sua autoria, nos fazendo surpreender com a gama de habilidades que dominou (foi professora de dança também!) e refletir, juntamente com o filho Carlos, por que tanto talento não valeu todo o esforço de buscar a realização artística. Segundo ele, teria faltado paciência e humildade para começar de baixo e não querer logo ser a "atração principal", desejo ansioso e lunático que teria levado as portas do mundo do entretenimento a se fecharem para ela, na opinião dos autores. Concluem, também, que isso a teria conduzido por "caminhos cada vez mais excêntricos".

Penso, entretanto, que esse destino, mais do que resultado da relação entre o desejo do sucesso imediato e as circunstâncias do mundo empresarial, foi forjado pelo que chamei antes de personalidade transformacional. Suzy King desenvolveu uma identidade cambiante como processo vital e não apenas recurso de sobrevivência, transformando incessantemente sua identidade, tal como a troca de pele das cobras. Nelas, encontrou sua outra profunda inspiração, identificação e companhia.

Ao se transformar de cantora em vedete, aliando o pendor musical ao de dançarina, escolhe ser uma bailarina exótica, exibindo seus movimentos com os das serpentes parceiras. A isso, se seguiria a persona faquiresa, mas a cantora das marchinhas carnavalescas e vedete voluptuosa teve antes seu lugar no panteão das personas suzykinguianas, consagrado em concurso de Rainha das Atrizes. Perdeu o título, mas ganhava espaços públicos para sua identidade performática.

Para a divulgação de suas proezas no faquirismo, não perderia a chance do potencial performativo de um desfile: despida, cavalgando um cavalo à la Lady Godiva, exatamente pelas ruas populosas do centro de uma metrópole como o Rio de Janeiro. Performance, personas, transformações incessantes.

Da adoção por uma família de missionários, caminho para deixar o sertão brasileiro, ao capítulo da última tentativa de realização da missão artística, através da aventura de deixar o país e alcançar o exterior, assumir várias e distintas personas para se adequar a momentos históricos de sua carreira, revela antes de mais nada ânsia existencial. A ânsia de liberdade de ser o que desejasse, a despeito de tudo e de todos e da própria chance de alcançar a fama e o sucesso profissional.

E em sua saga de busca da liberdade, diferentemente de suas colegas faquiresas relacionadas quase sempre a um homem, um marido faquir ou um mestre faquir, Suzy King toma sozinha as rédeas, responsabilidade e fardo da produção de suas apresentações. E enfrenta repressão, perseguição e o que mais teve que enfrentar, devido às suas escolhas profissionais e existenciais, sozinha.

E que alma irrequieta! Não se contentava em seguir os tais "caminhos excêntricos", mas dentro deles próprios buscava sua originalidade e exercia sua rebeldia, como revela esse comentário jornalístico que tenta defini-la: "Suzy King é uma das transviadas do rebanho naturalista de Luz del Fuego que preferiu fundar a sua própria escola com o intuito de derrubar a vetusta papisa do nudismo." ("Última Hora", 1953).

No corpo, literalmente, de uma mulher sensual e voluptuosa, ícone do pecado na sociedade machista e retrógrada do Brasil, dominando serpentes - animais selvagens e feras - viveu a ânsia de uma existência própria, incomum.

Vejo em Suzy King a transgressão para o confronto, a morte, a liberdade.

A "senhora que morreu no trailer", trocando tanto de pele e de vida, só não chegou a incorporar uma atriz de Hollywood, seu maior desejo, segundo seu filho.

A leitura do livro provoca sensações de envolvimento e admiração pela mãe de Carlos, estimuladas pela descrição dos ambientes, contextos socioculturais nos quais se dão as transformações.

Ao descrevê-los, são apresentadas personas de outras artistas contemporâneas de Georgina, algumas como modelos que seguia e cujas biografias nos levam a compreender os contextos. Cada qual nos remete, com detalhes reunidos pela pesquisa, a universos particulares, quase como contos ou crônicas, de certa forma autônomos, que poderiam ser destacados e existir como tais independentemente do próprio livro.

Assim, da Era do Rádio, seus ídolos e espaços da cultura popular a eles relacionados como programas de variedades e humor, teatro, circo, dancings e cinema, são retiradas histórias de vida como a da vedete anã Lili. Adentramos com ela no universo do freak show brasileiro e nos deliciamos com a novela pitoresca de sua vida.

Essa estrutura narrativa que sobrepõe ao tema principal ou deriva dele outros temas, através do que se poderia chamar de hipertextos, alguns não tão desenvolvidos como no caso da história da artista anã, nos leva em "Suzy King, a Pitonisa da Modernidade" a conhecer melhor ou até descobrir artistas brasileiras que povoam nossa imaginação de momentos fantásticos da cultura brasileira. São elas as vedetes, artistas circenses, domadoras de cobras, bailarinas exóticas como Luz del Fuego, Eros Volúsia, Elvira Pagã, Dalva Eirão, Angelita Martinez, Carmen Brown.

A história dessa última também recebe destaque no livro que permite conhecermos através dela o mundo dos cassinos, do teatro de revista e cinema da época, outro capítulo à parte sobre a cultura popular e o universo do entretenimento das décadas de 1940 a 1960. Da mesma maneira, o concurso da Rainha das Atrizes e as reportagens sobre a vedete Angelita Martinez nos fazem viajar por aqueles tempos.

Outro tema derivado que nos traz o contexto da vida de Suzy King, através de verdadeira etnografia, é a arte do jejum e seu corolário e fenômeno subsequente, a arte do faquirismo. Ficamos conhecendo, nos capítulos a ela dedicados, os faquires e o sucesso que alcançaram na época, fatos que só nossos fuçadores poderiam encontrar e divulgar, como se pode verificar ante a escassa bibliografia sobre o assunto.

As aventuras do faquir Igor e seu envolvimento com Suzy King, à época de sua persona faquiresa, recheiam os capítulos a elas dedicados de imagens e fatos dignos de novelas policiais. Essa, certamente, é uma das melhores referências para se situar a carreira e a vida "como ela é" de nossa heroína.

Do tema das cobras e suas domadoras, somos levados a descobrir quem foi Luz del Fuego, símbolo e ícone da irreverência despudorada e crítica de um momento da história da sociedade brasileira machista e repressora.

A descrição, como verdadeira crônica, do mundo que representou a Galeria Ritz também deve ser lembrada como recurso literário dos autores para construir essa narrativa vibrante e extravagante da biografia de uma personalidade não menos extravagante. A forma e estética do livro não poderiam deixar de metaforicamente representar seu percurso por "caminhos excêntricos".

As derivas não acontecem apenas no espaço temporal em que viveu Suzy King, mas os Albertos relacionam ao seu universo e incorporam às descrições do passado atrizes contemporâneas, suas amigas: Divina Valéria e eu mesma. O laço do afeto também conduz a rede de fatos e personalidades que constituem o livro. Divina Valéria surge no relato como atriz convidada por eles para viver Suzy King em filme sobre sua vida, no capítulo que descreve um dos lugares onde ocorreram fatos biográficos e locação do mesmo. A mim, me adotaram como sua "vedete", concebendo números para apresentações de Dorothy Boom, a "faceta burlesca da Dzi Croquetta Regina Müller", sendo citada ao lado de Angelita Martinez.

A estrutura em rizoma se materializa pela escolha do projeto visual que, em lugar de organizar capítulos convencionais de um livro, utiliza marcas com títulos de seções que levam nomes como "Nos bastidores do espetáculo" e "Nos bastidores da notícia", nos quais em geral se encontram os temas derivados como seções autônomas, "Deu na mídia", "Desenrolando o novelo", etc.

"Espremendo o bagaço" surpreende o leitor por trazer mais e mais dados, fatos e comentários dos autores quando já estamos sem fôlego com as excentricidades dessa vida às vezes inverossímil...

Ao ler dessa maneira sobre as personagens/personas e seus universos, com a alegria que as imagens do projeto gráfico a eles relacionados provocam, tem-se a impressão de estar bebendo aquelas realidades direto das revistas impressas e musicais, da época, com o humor peculiar dessas expressões culturais.

Finalmente, outra viagem a que o livro nos leva é experimentar seu poder de agência.

Primeiro porque sua feitura na forma e estética em que se apresenta é um objeto artístico que resultou da pesquisa historiográfica.

E, principalmente, porque a pesquisa provocou o próprio final do enredo com a descoberta do paradeiro do filho Carlos, como também teceu a relação da vida dos autores com a de seus personagens.

Suas biografias apresentadas no início os fazem participar da história contada, revelando a relação desses homens com personalidades femininas que os encantam e cuja narrativa de suas vidas revela significados importantes para seu modo de ver o mundo. Mas não para aí a íntima relação dos autores com Suzy King. O filho desaparecido é encontrado por eles durante a pesquisa e volta a se relacionar com a mãe numa condição "post mortem", através da incorporação por Alberto de Oliveira de mais um personagem da trama.

Para encerrar mesmo, eu própria, me encontro nela, a "vedete" dos Albertos, nesse lugar da escrita e no papel de Suzy King em filme que, junto com o livro, a revela para o mundo. A mim, desde que iniciaram a pesquisa, mais do que ter sido revelada, me serve de espelho existencial - o desejo de ser várias – e exemplo de pensamentos teóricos sobre a "descentralização do sujeito", "não há centro, mas margens", "rizoma" se sua vida fosse um texto...

Acervos consultados

Archivo Histórico de Tijuana, Tijuana, México
Arquivo Histórico de Juiz de Fora, Juiz de Fora, MG
Arquivo Nacional, Rio de Janeiro, RJ
Arquivo Público do Estado da Bahia, Salvador, BA
Arquivo Público do Estado de São Paulo, São Paulo, SP
Biblioteca Municipal Murilo Mendes, Juiz de Fora, MG
Biblioteca Nacional do Brasil, Rio de Janeiro, RJ
Centro de Documentação da Funarte, Rio de Janeiro, RJ
Centro de Memória do Circo, São Paulo, SP
County of San Diego – Office of the Coroner, Estados Unidos
County of San Diego – Superior Court, Estados Unidos
FamilySearch, https://familysearch.org
Folha de São Paulo, São Paulo, SP
Instituto de Cultura de Baja California, Mexicali, México
JusBrasil, www.jusbrasil.com.br
Museu da Imagem e do Som do Rio de Janeiro, Rio de Janeiro, RJ
Museu Histórico de Jequié João Carlos Borges, Jequié, BA
National Archives and Records Administration, Washington, Estados Unidos
O Estado de São Paulo, São Paulo, SP
O Globo, Rio de Janeiro, RJ
Rede Anhanguera de Comunicação, Campinas, SP
United States Citizenship and Immigration Services, Missouri, Estados Unidos

Agradecimentos

Ana Júlia de Oliveira Soares, Ana Paula Ribeiro Maia, Ana Sueli Ribeiro Vandresen, André Silva, Andreia Athaydes, Andres Espinoza, Ângela Quinto, Antônio Moraes, Antônio Varjão, Arlette Dzifa Afagbegee, Arthur Husted, Aydamo Jiquiriça, Barbara Vida, Barbara Zaragoza, Carlos Sampaio de Araújo, Célia Camarero, Chip Jones, Crystal Couto Bacellar, Dalva Eirão, Daniele de Oliveira Soares, Danilo Dunas, David Ferreira Pires, Denise Elliott, Dennis Pearson, DFenix, Divina Nubia, Divina Valéria, Dôra Santos, Ednilson de Oliveira, Eduardo Cabús, Elinalva Pires, Elis Soares, Eloína Ferraz, Esther Pearson, Fabiano do Nascimento, Faquiresa Verinha, Fernanda Roth Faya, Gabriel Spindler, Gui Castro Neves, Helena Ignez, Henrique Breyer, Ib Teixeira, Índia Maluá, Índia Mara, Índia Rubla, Indiany, Ivonildo Calheira, Jadde Johara, Jéssica Mendes, Jim Wilson, João Bosco Carvalho Silva, João Antonio Buhrer, João Carlos Rodrigues, John Spindler, José Gabriel Rivera Delgado, Julia Katharine, Júlio Lucas, Karina Lopes Colodetti, Laura Aguiar, Letícia Capriotti, Lilian Hodges, Linda Hunter, Luiz Amorim, Luiz Antonio de Almeida, Lynn Phillips McDougal, Márcia Dailyn, Maria das Graças Costa Leal de Araújo, Maria Dias da Silva, Mariah de Olivieri, Marques Rogério de Souza, Marta Vidigal, Maura Ferreira, Miguel Ângelo de Azevedo (Nirez), Neide Aragão, Nilson Carlos Pires, Nilza Maria Pena Ramos, Odre Consiglio, Paula Toledo Alcântara, Paulo Prospero, Ralph Munoz, Raquel Pires, Regina Polo Müller, Renato Fernandes, Robert Moreno, Roberto Gambini, Roberto Mícoli, Rogério de Campos, Rosalba Cardoso Desmarais, Rose Lopes, Rubens Antonio, Rubens Barbosa, Sergio Gag, Thaís de Almeida Prado, Thiago de Menezes, Todd Hunter, Toni Nogueira, Urano Andrade, Vera Lúcia Vaz de Lima Oliveira, Verônica Tamaoki, Well Darwin, Zilda Mayo e tanta gente legal que cruzou o caminho dos Albertos ao longo da busca por Suzy King e colaborou diretamente ou indiretamente com a montagem do quebra-cabeça da vida da Pitonisa da Modernidade.